青春超哲學

冀劍制——著

致　常常被認為叛逆的你：
其實你不是叛逆，只是發現自己與別人不同！

為迷茫的青春點亮一盞明燈！

三民書局

國家圖書館出版品預行編目資料

青春超哲學／冀劍制著.－－初版三刷.－－臺北市：
三民，2022
面；　公分.－－（Think）

ISBN 978-957-14-6485-5（平裝）
1. 哲學

100　　107016386

Think

青春超哲學

作　者	冀劍制
發 行 人	劉振強
出 版 者	三民書局股份有限公司
地　址	臺北市復興北路 386 號 (復北門市) 臺北市重慶南路一段 61 號 (重南門市)
電　話	(02)25006600
網　址	三民網路書店 https://www.sanmin.com.tw
出版日期	初版一刷 2019 年 1 月 初版三刷 2022 年 7 月
書籍編號	S100370
I S B N	978-957-14-6485-5

三民書局

序

這一本書，是為中學生而寫。

在人生成長的過程裡，中學時期被稱之為叛逆期，但叛逆只是表象，實質則是張開智慧雙眼，發現自己與他人不同，並且渴望表現自我的發展階段。就像一個不定時、不定點、不確定方向爆發的火山熔岩，搭上及時風向、在天空變幻莫測的氣壓雕塑下，邁向未來。

在這個特殊時期，如果擁有更多自覺，更多思考力量，就更能向世界宣告自己的存在，並佔領一席之地。

大約兩年前，《中學生報》的編輯跟我聯繫，希望開設「時事哲思」專欄，套用哲學觀點，省思世界上正在發生的爭議話題，以便協助中學生學習更有深度的思考。

我覺得這個理念很好，就立刻答應了。由於哲學理論本身太過抽象，不太好學，若有實例輔助，不僅有助理解，還能增添趣味。

後來發現寫這個專欄其實並不容易，因為題目是由編輯決定，當編輯認為什麼時事議題值得中學生思考時，就向我邀稿。所以，由於有些議題非我所長，必須求教專家才能完成。但也因為如此，在這個專欄的撰寫過程中，自己也獲益良多。

另一個困難，是報紙的篇幅有限，字數必須很節制。所以，有些想法無法詳細討論。該如何取捨，是經常遇到的難題。

而後，很高興三民書局認同這個專欄的價值，提議將它出版成書。我也正好趁此機會，好好修改內容，把過去捨棄但覺得有價值的論述，補充回去。另外，再加上幾篇我個人覺得值得討論的議題，讓內容更加豐富。

希望藉由此書的出版，能讓哲學思考更為普及，也讓社會更加哲學化。如果有一天，哲學成了普羅大眾的閒聊話題，那不知會是一個什麼樣的文明國度。但願讀者也能扮演傳播者的角色，傳遞哲學思考，就讓我們一同實現這個美夢。

冀劍制　二〇一八年，於石碇大崙山上

目次
contents

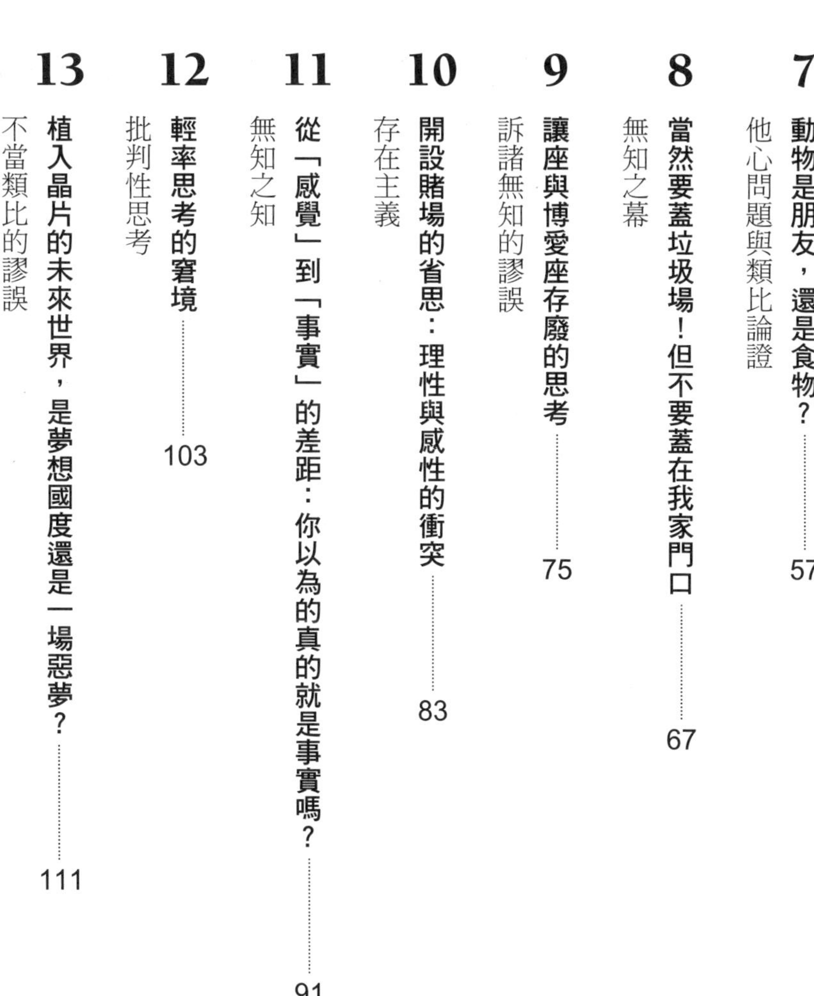

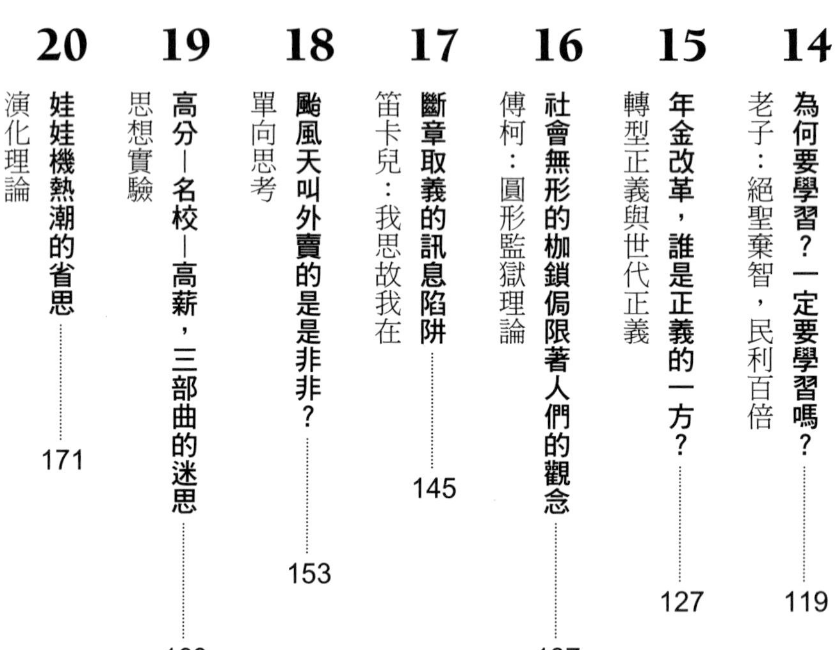

目次
contents

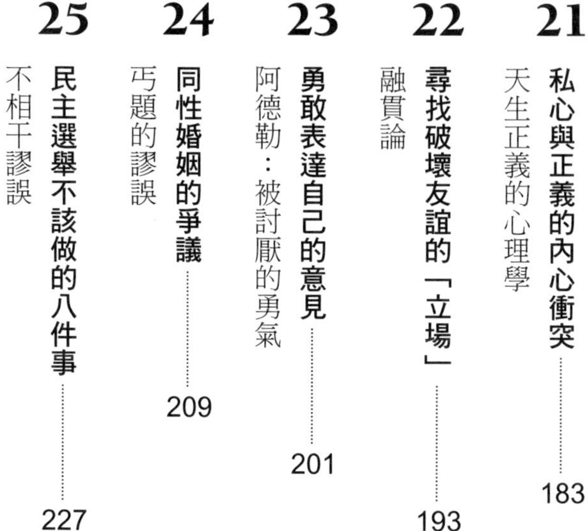

1 蜘蛛人即將成真？基因編輯研究的爭議

「基因」，遺傳自父母，用以決定一個人的天生特質。科學家在實驗室裡研究基因、修改基因，以便能夠更瞭解基因與人類特質的各種對應關係。這樣的研究成果，可以用來預防許多遺傳疾病。基本上，這是相當有價值的研究。然而，就像炸藥的發明，有好也有壞，基因編輯研究也可能帶來壞處，甚至讓人類走向毀滅。

這並非危言聳聽，科技的發展真有可能讓人類自掘墳墓。想想當今科技發展後的環境破壞、核武器的威脅，只要一不小心，都有可能破壞地球的生存條件。而基因編輯也可能無意間製造出毀滅世界的可怕怪獸。

做出真正的蜘蛛人是好事嗎？

如果所有政府都明訂這些研究只是單純研究，不能拿來實作，只要沒有成品，危險性會比較小。舉例來說，就算研究發現修改某些基因就能誕生出真正的蜘蛛人，也不能將它做出來，以免後患無窮。說到這裡，大概很多人會失望，因為我們希望蜘蛛人出現，打擊罪犯、維護社會正義。

然而，問題在於，如果真的出現像電影蜘蛛人一樣厲害的人，他未必會站在正義的一方，說不定反而會為非作歹，繁殖更多蜘蛛人、成立軍團、統治世界、奴役人類。

當然，修改基因無上限，科學家們也可以在人性上動手腳，把這個蜘蛛人限定在服從人類，以及具有完全的正義感。這樣是不是就不會有危險了呢？然而，這就像小孩玩火一樣，由於相關知識的缺乏，完全無法預期可能的後果。我們其實不清楚人性是不是真的完全來自於基因，就算是，後天的影響是否可以超越先天的設定。就算做出天性良好的蜘蛛人，會不會因為某些特殊遭遇而變壞，成了人類無法匹敵的巨大禍害？

單純研究也有危險

然而，如果所有能夠研究基因編輯的先進國家都明訂不可實作，是不是就沒問題了呢？其實也沒這麼簡單。如果先進國家一開始就禁止研究，那就至少暫時不會有問題。因為，這是一項需要投入大量資金與尖端研究人力才能完成的壯舉。但是，一旦有了成果，要做出成品就相對容易得多。試想一下，某集權國家情報人員或是恐怖分子竊取研究成果，製造出很多蜘蛛人，到世界各地進行恐怖攻擊，那將會是一種什麼樣的情景呢？

既然可以想像的後果這麼可怕，是不是所有國家政府都應該禁止這種研究？麻煩的問題在於，這也不見得是好事。因為即使某些集權國家或是恐怖主義分子目前無力做此研究，但他們不會永遠停滯在此一階段，正義的一方還是必須趕在他們之前先有成果，才更清楚如何防止與對抗未來可能遭遇的挑戰。而且，除了必須提前掌握新科技的理由之外，這個研究可以想像的許多成果也相當吸引人。但這些可能成果的背後，也都充滿了道德的爭議。

基因編輯優點無上限

舉例來說，我們可以藉由編輯基因來製造沒有心智的肉體，提供取之不盡的移植器官與人類血液。但是，實際上我們可能永遠無法確定這些人是否真的沒有心智。缺乏外在的心智反應不代表真的沒有心智，說不定有一個受苦的靈魂被監禁在裡面，遭受恐懼而無人知曉。要解開這個疑慮，就必須先瞭解**「心靈從何而來？」**但這個問題，被許多哲學家與科學家公認為人類智力的最大挑戰，而且很可能永遠無解。

我們也可以藉由編輯基因，製造出最理想的太空人，不怕孤單、勇往直前、進行太空探險。我們還可以藉由編輯自己小孩的基因，來預訂一個高智力寶寶，或是音樂天才。然而，這表示這些小孩在出生前，就已經被決定人生的方向。我們是否有權力為他們做這樣的決定？即使可以，一般人大概也負擔不起基因編輯的費用，在這種情況下，有錢人的小孩基因在被編輯過後，在各種領域，將永遠比其他人更優秀，這將造就基因的階級分層，並且難以逆轉，形成一個更不公平的社會。在這些擔憂未解之前，基因編輯研究將會不斷遭受質疑。

滑坡謬誤的反對推理

然而，事實上這些憂慮都未必會發生，這些想像中的反對理由，來自於一種稱之為**「滑坡」的謬誤**：「今天可以研究了，未來就會做出成品，有了成品就會被濫用。」然而，世界未必自然朝向這種最糟的方向滑落，其中的每一個階段，都有可以阻止毀壞的力量。如果作法得當，的確可以在保留巨大的文明進展下，將危險降到最低。

就像人類社會目前已經度過冷戰時期最危險的核武危機，也開始節能減碳、減少塑膠垃圾，走向愛護地球環境的方向。只不過，類似研究的確存在危險，算是一場新的人類大冒險，在這個交叉路口，可以走向更高階文明，也可能走向毀滅。就看一代一代的人們，是否有足夠的智慧，將人類的未來，導向光明的大道。

跟著哲學家思考：心靈起源、滑坡謬誤

1. 「心靈從何而來？」目前學術界傾向於認為「心靈來自大腦」。但是，「大腦如何造出心靈？」卻是一個無法解開的謎。學術界稱此為「難題」(the hard problem)。許多著名的科學家與哲學家宣稱這是人類知識面臨的最大挑戰。其中一個主要理由是：要解開此問題，就必須先掌握心與腦的交界點，這個交界點必然同時屬於心也同時屬於腦。但從心的角度看不見腦，從腦的角度也看不見心，所以即使存在有這個交界點，我們也不可能完全了解它。那麼，這個謎將永遠解不開。

2. 「謬誤」指的是似是而非的推理；也就是看起來很有道理，但卻有可能導出錯誤的推理型態。「滑坡謬誤」的特質在於「有一就有二、有二就有三，然後越來越多，且越來越嚴重。」例如，「沒上好高中，就上不了好大學，也就無法找到好工作，人生就是一條魯蛇。」這種推理是不恰當的。因為在每一個階段，都未必自然發展出下一個階段。但由於乍看之下好像有道理，在理智未介入時，就容易迷惑人們的觀念，誤以為真。

就像有些反對同性戀婚姻的人喜歡用的推理：「今天接受同性戀、明天就是不倫戀、後天就會人獸戀。」這種反對理由也是不恰當的。

另一個常見的例子像是，「小時候小賭，長大後就會大賭，最後就會沈迷於賭博而無法自拔。」這不僅不必然如此，還很可能相反。如果小時候的賭博經驗能夠協助看清賭博的可怕，長大後反而最能抗拒賭博。而從小不賭博的人，長大後遇到賭博的誘惑時，反而不具有任何抗拒能力。所以，在教育上，禁止小孩做什麼不好的事情，有時不如協助他們親身了解這些事情不好的一面。

2 電腦比人類更聰明？AI成果的省思

如果要用一幅畫來代表智慧，我們可能會想到山野中兩位老者對弈的景象。因為下棋就是智慧的競賽。然而，電腦圍棋高手 AlphaGo 卻打敗了所有人類圍棋高手。這是否代表電腦人工智慧已經比人類更聰明、更有智慧了呢？

答案可以說「是」、也可以說「不是」。這問題有好幾個需要釐清的地方。簡單的說，光從表現出來的能力來看，確實如此；但如果考慮到表現出此能力的運算與思考過程，那就完全不是這麼一回事了。

電腦程式是否具備下圍棋的智慧？

圍棋，看似簡單，卻變化無窮，可說是棋類之王。它的確是智慧的象徵。當人們下棋時，有許多因素要考慮。除了如何藉由棋賽規則思考勝出之外，裡面還包含了耐心、冷靜，以及如何看穿人性弱點後的攻防，設下陷阱、甚至將計就計的設下反陷阱、反反陷阱……。

這樣的一場鬥智，無論勝負，都閃耀著智慧的光芒。然而，問題在於，電腦打敗了人類，是經由這樣的一種心理攻防過程嗎？不是的！是電腦程式設計師找到某種計算法則（演算法），藉助人類不具有的電腦快速運算能力，終於能夠在圍棋競賽上超越人類。

所以，電腦只是贏在可以達成棋賽成果的某種快速計算，而與冷靜、人性弱點、計謀等智慧相關因素毫無關連。對電腦來說，圍棋能力不代表智慧的高低，只代表強大的運算能力。然而，電腦強大的運算能力是我們早就知道的事情。所以，這裡其實並沒有什麼值得驚訝的地方。

人工智慧背後的黑手是程式設計師

這裡值得讚賞與驚訝的，也是讓電腦真正贏得勝利的因素，其實不算是電腦的能力。「電腦打敗人類」是一種誤導性的說法，因為，真正強大的，除了電腦這個工具之外，還必須有程式設計師所找到的計算法則，才能一舉打敗棋王。畢竟，圍棋的複雜度過高，即使當今電腦，也無法計算每一種可能性。如何在有限的選擇上，做到最高效率的計算，以及如何給出最好下法的衡量標準，都是很不容易的事情，但這並不是電腦的工作，而是高明的程式設計師的工作。

近年來，人工智慧在工業上的發展可說是突飛猛進。自動人臉辨識系統、自動車、無人商店等等都將被廣泛應用在日常生活中，但這些進展，都屬於電腦加速運作後的產物，屬於工程應用上的進步，這與科學家與哲學家們探討機器如何能夠模擬真正人類思考與理解過程的人工智慧發展可說完全不同。

在科學與哲學領域，真正關心的問題是，「電腦是否可以像人類一般思考？」甚至可否超越人類？但從目前人工智慧的發展來看，這種可能性仍然遙遙無期。

圖靈測試檢驗電腦是否會思考

二十世紀中期，電腦發明人之一的**圖靈**（Alan Turing, 1912–1954）就訂出了一個電腦是否會思考的標準，稱之為**「圖靈測試」**（Turing Test）。只要電腦程式能通過圖靈測試，就代表有思考能力。於是，許多國家定期舉辦圖靈測試大賽，希望這一天能盡快來臨。

圖靈測試有好幾種版本，最常採用的方式是讓人透過螢幕和鍵盤，隨機和電腦程式或是真人對話，並且看人是否有能力判別對方究竟是真人還是電腦。如果多數人無法看破電腦程式而誤以為是真人，則此程式就算通過了圖靈測試。

二十一世紀以來，陸陸續續有人宣稱其所設計的電腦程式通過圖靈測試。但目前為止，令人感到遺憾的是，這些程式都不是真的嘗試模擬人類對話能力，而只是想辦法騙過對話者把電腦程式當作是真人。當然這不是說此程式是一個會騙人的程式，而是說電腦程式設計師以欺騙的方式寫程式。例如，最早期的心理醫師程式對話方式如下：

人：小王很可惡！

電腦：「小王很可惡」，這件事讓你很困擾嗎？

人：我想殺了他。

電腦：「你想殺了他」，是你來到這裡的原因嗎？

人：是的。

電腦：請再多說一些。

這種手法是藉由不斷把對方的問題改成可以套用於諮商的問句，或是要對方再多透露一些訊息，達成像是心理醫師諮詢病人的樣子，並藉以欺騙對話者，誤以為和真人對話。但事實上電腦只不過用一些簡單的文法規則編造出一些句子，完全不知所云（電腦程式無法真正去處理語句的意義）。瞭解了這個手法，可以特意說些一般人不會說的話，像是「一加一等於二」，電腦可能會回答「一加一等於二，這件事讓你很困擾嗎？」或是，「一加一等於二，是你來到這裡的原因嗎？」甚至隨便寫個「歐啦歐啦」，電腦也無法分辨你只是隨意說說，一樣會問你「歐啦歐啦讓你很困擾嗎？」或是「歐啦歐啦，是你來到這裡的原因嗎？」

這樣的比賽看在企圖模擬人類思考的人工智慧專家眼裡，根本毫無意義。因為，這不是在比電腦的思考力，而是程式設計師的騙人術。

電腦真的能夠思考以及具備心靈嗎？

然而，在真正屬於電腦思考能力的期待上，圖靈卻是樂觀的。他預言在二十世紀末之前，當電腦功能夠強大時，就能通過測試。但是，我們所遇到的困難卻比他預期的高，而且還有更多他當年沒想到的問題。直到今天，電腦的運作能力已經比他期待的高上百倍，但要真正通過圖靈測試，連曙光都還看不到，而未來是否有此可能，也毫無把握。

另外，當代哲學家**瑟爾** (John Searle) 與許多其他哲學家們也主張，即使電腦真正能夠通過圖靈測試，也不見得就真的會思考以及具有心靈能力。

然而，這是否意味著「電腦消滅人類」是一件不用擔憂的事情呢？這個問題的解答也是"Yes and No"。依據當今人工智慧發展來回答這個問題，在可預期的未來，我們完全不用擔心會出現「具有想消滅人類野心的機器人」。但是，這並不表示「電腦消滅人類」是不可能的事情。未來若有野心家製造可用於戰場上的人工智慧作戰武器，甚至將生產這種武器的工廠也完全自動化，那麼，這樣的危機一樣會來臨。到時，能和這種機器人作戰的也大概只有正義方所生產的作戰機器人。

簡單的說，電腦不會「想要」毀滅人類，但要做出可毀滅人類的機器人卻是有可能的。人類會不會走向這個結局，自然也是一項文明的考驗。

跟著哲學家思考：背景知識的問題

在人工智慧的困局中，其中一個稱之為「背景知識的問題」。背景知識是我們在無意間運用的知識，若沒有這些知識，日常推理都很困難。但電腦卻很難具備充分的背景知識。例如，「當小花帶狗去散步，是否狗頭也跟去了？」我們很清楚知道答案，但為什麼知道呢？何時學過這種知識？當我們也不了解自己如何獲得這類知識的同時，如何能夠讓電腦也能學會這些知識？

或許，我們可以試著教電腦兩個背景知識，「狗頭是狗的一部分」，「狗出去，狗的部分也會跟出去。」但是，當電腦學會這些知識後，如果我們問：「當小花帶狗去散步，狗毛是否也全部跟去了？」電腦得出的解答就會是，「對！」但事實上，狗毛雖然也是狗的一部分，但卻有幾根留在家裡。

要能不斷回答類似問題，需要許多我們從經驗中學來的背景知識，但這種知識無窮無盡，不同脈絡就需要運用不同的知識。我們目前不知道要如何讓電腦完整學會這些東西。當這個問題無法解決時，真正能夠通過圖靈測試的程式就不太可能出現。也就是說，要讓電腦可以真正跟人類對話的夢想，目前仍遙遙無期。

3 防止犯罪和保護隱私的矛盾

當今臺灣社會，街道上到處都有攝影機的蹤跡，也由於行車記錄器的普及，每一輛車也都扮演了行動攝影機的角色。這對防止犯罪以及偵破刑案提供了很大的幫助。目前為止，這些監督器材，還算在控制範圍內，尚未被濫用，人們的隱私似乎還未受到嚴重侵犯，可說是優點大於缺點。然而，是否會有失控的一天，或者，其實人們早已受到不當監控只是還不自知呢？

由於人臉辨識系統的科技進展，街道攝影機的監督功能跟著大躍進。目前政府已有能力藉此監控每一個國民的所在位置，這對獨裁者來說，真是一大利多。這樣的資訊系統，將更能防止犯罪，也同時更加徹底破壞人們的隱私。一好一壞，兩者之間，是否可以找到一個最適當的平衡點？

防止犯罪與隱私權之間的拉鋸

除了攝影機之外，手機資訊的保護，也在防止犯罪與侵犯隱私兩者間製造衝突。以美國發生的一起疑似恐怖攻擊來說，美國聯邦調查局（FBI）找到已被擊斃罪犯的蘋果手機，希望追查同夥。但手機被鎖，無法解開。於是，FBI要求蘋果公司協助。然而，基於顧客的隱私權，蘋果公司斷然拒絕，於是訴諸法律裁決。在公共安全、商業信譽、以及隱私權三者的比較下，怎麼做最好？這個問題又該如何思考？

首先，一個比較沒有問題的共識是，「犯罪不在隱私權的保護範圍。」所以，只要證據確鑿，為了找出罪犯而侵犯隱私基本上是一般大眾可以接受的範圍。例如，一個銀行搶匪，不能宣稱他的行為屬於個人隱私而免於被調查。而且，一家公司如果誤用了黑心原料，即使錯不在他們，也不能為了守護信譽而干預媒體報導。但是，這並不表示為了公共安全，可以完全忽視隱私權與企業商譽。

即使是罪犯，仍有一些與犯罪本身無關的隱私需被尊重，尤其在定罪之前，如果犯人不希望自己的長相在押解途中被媒體拍攝而用衣服遮住，警方不應干涉。另外，一個爭議很大的問題是，如果警察發現有人行蹤可疑，可能是毒販，於是跟蹤到他家大肆搜查，希望能找到證據。如果法律允許員警這種執法權限，自然會破獲更多案件，讓社會更加安全。但這樣的法律，卻容易導致人們的隱私權因誤解而遭受侵犯，以及喪失被尊重的權利，甚至被某些不肖員警為了私心而濫用，讓社會付出更高的代價。所以，法律明訂警方必須在有證據的情況下，向法院申請到搜索令，才能行動。這就能防範權力的不當使用。

商業信譽與隱私權的權衡

在蘋果公司解鎖的問題上，除了隱私權的爭議，也包含了企業對顧客的承諾是否可以用作不協助警方辦案的理由。手機的保護措施，就是協助使用者能夠保護好私人檔案，既然企業提供了這樣的功能，就是對顧客的承諾。然而，當警方要求蘋果公司協助解鎖時，這等於是讓企業背叛自己的承諾。在這種情況下，不僅將會對企業的形象造成影響，也是一種失信的行為。那麼，企業是否可以拒絕警方要求？我們可以從幾個可能作法來思考：

第一，如果蘋果公司主動協助警方辦案，就是把公共安全置於最高優先地位。這對防止犯罪來說是件好事，但對個人隱私的保護卻很有問題。因為，沒有人能夠確定手機裡面是否真的有犯罪資料，也沒有人可以確定手機裡面是否具有一些與犯罪無關而且應該被保護的個人隱私。在這種情況下，這樣的作法就很可議。所以，即使不考慮公司形象，蘋果公司也有不這麼做的理由。

第二，如果蘋果公司奮鬥到最後才遵守法院的最終裁決，或是等到FBI自行解鎖，那就至少在維護客戶隱私上盡了最大努力。而且，當最高法院下令蘋果公司必須解鎖時，那就是整個司法機關在此個別事件上，衡量公共安全、公司信譽、以及個人隱私方面，做了一個最適當的決定。對蘋果公司來說，這時再來解鎖或許會是最好的選擇。當然，仍然會有一些風險，萬一手機裡面的犯罪資料是有時效性的，例如牽涉到另一場恐怖攻擊計畫，那就會產生不良後果。

智慧是解決爭議的良藥

所以，這個問題並不存在一個簡單的標準解答。我們所能作的，只是從不同的角度思考，盡可能找到一種最能面面俱到的方式，期待事情朝向最好的方向發展。但即使作了最好的計畫，也不見得能夠產生最好的結果，只不過，愈是周全的思考，能產生好結果的機會就愈大。社會上許多這類爭議，考驗的不是我們能否找到標準答案，而是考驗著尋找最佳解決方案的智慧。

那麼，回到街頭攝影機，究竟怎樣的一種安排，才是最恰當的呢？如果可以有一個最強大的監督系統，但是此系統只用於防止犯罪，那麼，這會是最理想的狀態。但問題是，人的私心總會在某些時候破壞完美的計畫。掌握此系統的人，能夠使用此系統的人，難免將之運用在私人領域，這就可能會對一般大眾帶來可怕的困擾。所以，如果我們可以將這個系統設計成真的只能用在防止犯罪方面，這會是一件好事。否則，或許在治安並不糟糕的現代社會，暫時保持現狀會是更好的一種局面。

當然，方法還有很多，例如，也可以分區實施。比較在意治安而不在意隱私的人，可以選擇全面監控的區域生活。而較重視個人隱私的人，則移居至沒有這種監控系統的地方，過一個雖然可能較不安全，但卻更愜意的人生。

跟著哲學家思考：自由主義

主張人應擁有自由的「自由主義」始祖彌爾(John S. Mill, 1806–1873)認為，自由的基本條件在於不能侵害他人自由。而揭發他人隱私就是在侵害他人不願被人知道某些個人資訊的自由。從日常生活的例子來說，有人喜歡將別人的臉書發文或是Line的對話截圖，並在未經他人同意下公告。事實上，這是侵犯隱私的作法，並非屬於個人自由的保障範圍。尤其該發文或對話並非公開訊息時，更不應這麼做。因為那些訊息本來就不是要公開的。就好像跟朋友說的悄悄話被大肆宣傳一樣。有時我們自己覺得那沒什麼，但是，在隱私權的考量上，「有沒有什麼」不是由我們來判斷，而是由當事人的感受來決定。在難以判斷是否侵犯他人隱私時，應先獲得他人同意才會是比較適當的作法。

4 遊戲還是本性？網路世界中的道德文明

「臺灣最美的風景是人。」這是一群來臺採訪的大陸媒體人在為期一週的訪臺後，針對臺灣人民的友善所下的結論。而這樣的評論，其實也並不令人意外，雖然並非所有臺灣人都如此，而且的確在社會上有許多人做出極為惡劣的行為，但整體來說，尤其比起世界上大多數國家，臺灣社會風氣是友善的，多數中外遊客也大多有這類觀感。

網路世界呈現人心黑暗面？

然而，只要進入網路世界，美麗的景象便凋零了，整個世界變了調。網友們口不擇言、互相攻訐，彷彿遊歷在拔舌地獄的入口處。尤其在網路遊戲中，更是一個引發怒火、衝突不斷的虛擬世界。這最美的風景，莫非只是虛偽的假象？

許多人認為，玩遊戲，不就是為了好玩嗎？罵罵人，有什麼關係呢？實際上很有關係！因為即使互不見面，可以避免肢體衝突，但語言依舊可以造成心理上的傷害，當樂趣會導致他人痛苦時，就需審慎思考了。而且，言語上的衝突甚至可能嚴重到引發殺機，由網路衝突而引起實際衝突的例子也不算少見。

霍布斯的想像世界

網路社群似乎應驗了哲學家**霍布斯**（Thomas Hobbes, 1588–1679）所言，一旦失去公權力的約束，社會將進入互相廝殺的原始狀態，顯露出最惡劣的本性。如果人性真是如此，是否有什麼好方法，讓網路世界也發展出文明，擺脫野蠻的現狀呢？

臺裔「英雄聯盟」首席設計師**林侑霆**嘗試在遊戲中由系統做出一些知識上的提示，希望藉此改變風氣。例如，當我們在團隊合作的遊戲中遇到了還不太會玩的「豬一樣的隊友」時，往往會非常生氣，也因為在網路世界跟人起衝突感覺上不會面臨被報復的危險，缺乏恐懼的壓力，容易把情緒直接發洩出來。於是使用不堪的字眼，破口大罵，使得整個網路氣氛讓人厭惡。

批評只會造成反效果

所以，如果系統提醒玩家：「隊友犯錯後，如果你不斷批評他，他會表現更差。」有了這個提示，會讓脾氣不好的玩家知道，罵人只會讓問題變得更糟。而且若再加上好的提示：「隊友犯錯後，給予他們有建設性的建議，隊友會有更好的表現。」這時，當玩家掌握這樣的知識，便容易把怒氣壓下去，多點耐心指導新手如何作戰，這不僅能讓整個遊戲氣氛變好，也能讓新手更願意加入遊戲社群，讓遊戲充滿愉悅的人際互動。

依據林侑霆的研究，加入這種系統提醒之後，大約可以減少百分之八的負面態度與言論攻擊。算是一個有效的方法。雖然比例並不算很高，但受到影響的人，有可能會像水中漣漪一般的擴散。今天受到幫助與耐心對待的新手，未來將更容易對新手有耐心，以及更願意去協助別人。這一點點的小改變，有時可以在一段時間後逆轉整個遊戲社群。然而，這樣的方法，是否適用於其他網路社群甚至真實人生呢？

一顆老鼠屎壞了一鍋粥

事實上，林侑霆也發現，會經常在遊戲中罵人的，事實上大約只有百分之一的人口，反觀網路社會，容易在網路留言中口出惡言的，可能也差不多只是這樣的比例，只不過，由於多數人不喜歡在網路上留言，而且也由於這類文字讓人厭惡、印象深刻，即使僅僅百分之一，就如同老鼠屎一般污染了整個網路世界。

如果我們在網路上、甚至日常生活中，遇到此類言論，也模仿英雄聯盟系統提出提醒，是否也會有類似的效果呢？如果曾經有在網路世界提醒別人「不要惡意攻訐」、「不要使用惡毒字眼」的經驗，大多可以感受到這方法不太實用，只會招來更多揶揄或怒罵。差別在於，由系統提醒和由人提醒是不同的。被人提醒就像是受人指責，常會激發更強烈的怒氣。但系統是死的，不會讓人有這種感受。

那麼，是否有什麼類似方法可以達到功效？或許，網路各平臺以及傳播媒體經常性的傳遞網路禮節的相關知識，將會提醒部分人改變作法，並協助原本就願意依據善意與人互動的多數人保持下去，形成一股正向的扭力，將善意的氛圍擴散到整個社群。如此一來，網路世界將隨著現實世界，一同提升道德文明。這的確是一件值得去做的事情，當然，主要還是必須從每一個發現問題並願意改變的人做起才能達成更好的功效。

網路也需要法律規範

除此之外，建立網路的監督與罰則會是一種更直接有效的方式。尤其涉及侮辱性字眼時，受害者可以立即存檔告發，並且讓任何人都無法像隱形人一樣躲在鍵盤背後為所欲為，在這種情況下，網路就像真實世界一般，必須為自己的言行負責。但這種作法所需耗費的人力成本較高，而且這樣的監督系統也很可能連帶具有侵犯人們隱私的作用，屬於次等的策略。

那麼，還有沒有其他更好的方法，能讓人自動自發團結製造良好的網路世界呢？方法其實一定有的，但需先將此問題視為一個必須解決的問題，投入心力去思考，才有可能發展出理想的策略。那麼，就等待新生代的哲人們，一同加入這場探索與研究之旅吧！

跟著哲學家思考：霍布斯談人性

十七世紀英國哲學家霍布斯在其名著《利維坦》(*Leviathan*) 主張，當人們生活在沒有任何約束力的「自然狀態」時，會完全為了自身利益而讓整個社會陷入動亂。這類似荀子主張「性惡」的觀點，認為人性本惡，需要法律等制度來加以制衡。因此，我們需要有政府的公權力，以及社會價值觀的教化與約束，才能抑制人類自然狀態造成的不良後果。但這些約束力事實上也會干擾人們的生活，如何設計出最低的限制與最高的和諧效果，一直是哲學家們不斷努力思考的問題。

然而，也有理論反對霍布斯這個看法。像是西方無政府主義思想，或是中國哲學的道家觀點，甚至認為人為的禮法教化都不是一件好事，如果人們生活在一個幾乎沒有約束的無政府狀態，沒有知識去分別好壞、善惡時，人性就能順其自然的發展，這種情況反而更能走向和平的康莊大道。

這兩種理論顯然都有其合理性，也都可能在某些條件下成為事實。至於哪一種可能性比較高，就會是個很有爭議的問題了。

5 打擊黑心廠商的道德思考

商人想賺大錢可說是正常心態，但若使用不當手段，就容易變成黑心廠商。黑心廠商製造不良商品以賺取更多利潤，卻讓不知情的消費者付出代價，小則損失財物、傷害健康，大則有害生命安全。

你騙我，我就抵制你

廉價的劣質商品只要合法，就不算黑心商品，但若包裝成優良商品販售，或是使用不該用的廉價原料，就是欺騙。由於眾人不喜歡被騙，所以黑心廠商容易引發眾怒，以致於在東窗事發後遭到抵制。而人們抵制的動機，部分是為了公義，部分為了洩憤。而洩憤往往容易產生出過度的報復手段，於是，抵制的方法也可能涉及道德問題。

舉例來說，如果某建商在某一建案偷工減料，人們可能會抵制該建商的所有建案。但如果發現其他建案沒有問題，許多人還是希望抵制下去，目的是報復該建商，希望他遭受最大損失。如果對方已經被法院開罰，更多的抵制是否符合道德，就會有爭議。然而每個人有權利選擇自己喜歡的建商，所以，這樣的個人行為爭議不大。但是，如果朋友想購買，卻去干涉他人購買的自由，這就比較有問題了。除非至少能提出一個「讓這建商遭受最大損失是對社會整體有好處」的理由，才能讓此干涉行為至少從「後果」來看稍稍有些合理性。否則，有時不易區別這種抵制究竟來自於公義的心思，還是仇恨的力量。

怎樣的抵制方法會引發爭議？

在過去曾經有過的各種抵制方法中，爭議最大的大概算是「秒買秒退」的抵制方法。

有一年，臺灣爆發黑心油事件，油品的原料來源被懷疑來自於飼料用油或甚至是讓人噁心的污水回收。雖然油品以外的其他產品並沒有發現問題，但許多人還是決定不再購買該公司的所有產品。由於每個人有選擇自己喜歡的廠商的權利，所以這樣的抵制即使也包含了沒有問題的產品，仍然沒有什麼值得議論的道德問題。

然而，針對黑心油事件，地方法院做出無罪判決。由於結果不符合民眾期待，判決理由也難以服眾，被激怒的民眾不信任司法，企圖以更積極的手段拒絕黑心企業，於是針對該企業最暢銷的鮮奶，展開一連串的「秒買秒退」抵制活動：也就是買了之後，打開包裝，再立刻去退貨，讓產品必須銷毀，他人也無法購買。

這樣的行為究竟是好是壞？當中牽涉到許多爭議，也在社會上造成正反雙方的互相攻訐。反對者的理由包括：浪費食物、濫用退貨制度、給賣場找麻煩、波及無辜等。贊成的人則認為，採取這樣的行動會造成產品下架、廠商虧損，甚至讓黑心企業倒閉，達到抵制的效果。

簡單的說，這個行動包含很多面向，好壞都有，所以才會引發兩極化反應。當一個人的價值觀偏重反方時，就會認為這種作法不妥當。反之，則會拍手叫好。人們大都依據自己的價值觀點，堅持自己才是對的，但卻難以提出能夠說服他人的想法。那麼，當我們遇到這類道德難題，該如何思考，才能做出更客觀的判斷呢？

判斷道德的基本方法

要分析一個行為的好壞，至少需從兩個面向思考：「動機」與「後果」。如果兩者都好，除非違背嚴重的行為規範，否則通常就會是好的。如果兩者都不好，則應該避免。如果一好一壞，通常以好的動機為優先，但都必須進一步思考。

「秒買秒退」的動機應該是好的，因為做這件事情的人並非為了個人利益，而是希望採取更強的行動力抵制黑心廠商。至少在這一方面，我們可以給予掌聲，感謝他們付諸行動捍衛食安。

然而，這個行為的可預期及最後達成的結果，究竟是好是壞？就需要仔細分析了。如果可引發更多人響應，不管是不是能讓黑心廠商倒閉，至少會比單純抵制不買更快讓產品下架、製造虧損。這是一種發自民間的處罰方式，在司法不彰時，這種方法可算是好事。但除此之外，這個行為也可能帶來許多負面效果。例如，它增加了不同意見者的衝突，還可能讓一些反對使用激烈手段的人，基於某些情感因素，轉向不再抵制，削弱原本的抵制力量。整體來看，「秒買秒退」產生的後果不易評估，甚至可能造成反效果，算是一種冒險的舉動。

消極抵制與積極抵制的差異

從這個問題來看，我們可以把抵制行為區分成兩類：第一類是「消極抵制」，也就是以不作為的方式來抵制。例如，拒買黑心廠商的產品、不投票給不良政黨、或是不和欺負同學的人交朋友，都屬這類。另一類則是「積極抵制」，透過某些行動去抵制。像是秒買秒退行動、到處宣傳不良政黨的缺點、或是出面制止欺負同學的行為。

如果單純為了捍衛食安(不是為了打擊同業或其他特殊原因),這兩種作法的動機都是好的,但結果卻不一定。消極抵制的好處在於:萬一我們的想法是錯的,例如黑心廠商不像我們想得這麼黑,或是司法根本沒錯,採取這種作法至少不會讓人犯下太大的錯誤。但積極抵制卻可能產生難以估計的後果,而且如果作法不當,還易引發其他衝突。積極抵制的好處在於,只要作法得當,通常成效會更大。那麼,兩者之間,該如何取捨呢?

這個問題很難獲得一個明確且放諸四海皆準的標準答案,因為即使是相同的事情,不同身份的人去做,以及不同的作法,都可能導致不同的結果。不過可以試著這樣思考:如果我們確實具備這件事的相關知識,而不只停留在主觀感受,且知道如何做可以避免衍生其他不良後果,那麼,便可以選擇積極的行動。反之,當情況撲朔迷離,在尚未掌握足夠的知識與訊息,或不清楚行動本身是否會引發更嚴重的不良後果時，應該先選擇消極的抵制。至少在盡力追求社會進步的同時，不用冒著犯下更大錯誤的風險。否則善舉不成，還讓社會變得更糟糕，那就得不償失了。

跟著哲學家思考：動機和結果

在評價道德時，「動機」和「結果」哪一個比較重要？在各種道德相關的哲學理論上，「義務論」偏重於從「動機」來決定善惡，只要有好的動機，就幾乎可以判定一件事情是善的。而「效益論」則認為能導致最好結果的行為（以帶給最多人最大幸福為標準），就是最大的善。兩者針鋒相對，各有優劣。義務論較接近我們習慣性對是非善惡的觀念，但我們常常很難知道別人的動機是什麼，所以在許多方面，效益論較為實用。但在日常生活中，如果可以同時從兩者思考，在善惡判斷上就可以比較多元面向，屬於較有智慧的道德思考。

6 先選校、再轉系？這是一個好策略嗎？

轉系，是大學常見的現象。當發現自己選錯科系時，或是對所學不感興趣時，就可以盡快改變跑道。然而，轉系背後的理由很多，興趣只是其中一項。

以我過去就讀的臺大哲學系來說，大二時會有同學大換血的現象。一大批轉出去，也有一大批轉進來。轉出去的，通常一開始就是以先進臺大再轉系的策略進來，而轉進來的，大多真的是對哲學有興趣的人。由於大二之後，在臺大哲學系裡同學之間互動不多，一起上課的人，也不一定是同學，很多是外系甚至外校的。所以，有許多同學到了畢業後還互不認識，直到某一天在社會某個角落碰巧遇到而互相自我介紹時，才發現原來眼前這位陌生人是大學同班同學。這大概也算是一種哲學系的特色。

輔大哲學系轉系事件

有一年，輔仁大學哲學系主任在臉書發表一篇引發廣大討論的文章，標題是：「一個令哲學系最不堪的日子」。源由是該系將近一半的大一學生申請轉系。而令他感到不悅的，是這群申請轉系的許多人，曾在入學面試上訴說對哲學的熱愛，但實際上卻是以「先選校、再轉系」的策略進行「詐騙」，導致某些對哲學真正有興趣的同學卻被排擠在外。

當然，有人或許一開始是真的對哲學有興趣，但一年後卻發現哲學並非所愛才申請轉系。然而，不可否認的，一定有許多人如他所言，「先選校、再轉系」。因為，這確實是一個眾所皆知的策略。那麼，這是一個好策略嗎？我們可以從幾個面向來思考這個問題。

說謊永遠都是一個不好的行為？

首先，為了錄取而在口試時謊報興趣，的確是一個道德瑕疵。至少以哲學家**康德 (Immanuel Kant, 1724–1804)** 的義務論道德觀來說，「說謊永遠都是一個不好的行為。」甚至為了社會利益而說謊都不太能讓他苟同了，更遑論只是為了個人利益。所以，為了錄取而說謊，是個沒有爭議的不道德行為，應該盡量避免，勿以惡小而為之。然而，針對這種小謊言的道德要求或許標準過高，畢竟這種謊言並沒有傷害他人，頂多讓口試老師們失望一下，「詐騙」一詞似乎就過於沈重了。

舉例來說，如果去面試一個工作，老闆可能會問：「你喜歡這個工作嗎？」如果不說謊，許多面試者應該會回答：「誰會喜歡工作啊！還不是為了養家餬口。」但實際上沒人會這樣說，大多會強調自己多麼熱愛這份工作。否則，想找個工作也難如登天。這種謊言，雖仍是道德瑕疵，但基本上應屬社會大眾所包容的範圍。我們可以套用這種高標準來自我勉勵，期望自己人格崇高，但不適宜用此標準來指責他人。

但是，即使如此，我不建議在面試場上說這樣的謊話，因為被揭穿的風險很大。面試老師很可能會好奇的問：「為什麼你對這個系感興趣？」「興趣在哪一方面？」如果只是想騙一下博取好感，恐怕是很難回答這些問題的，勉強作答時，容易被看穿，反而弄巧成拙。所以，如果口試老師們被申請入學的同學騙了，自己也該負點責任。

隱瞞VS.說謊

但是，如果同學說實話，「我計畫先進來再轉系」，那不就難以錄取了嗎？確實如此，如果口試學生這麼說，老師大概就會希望把名額讓給真正對哲學系有興趣的人。在這種情況下，根本就不用浪費時間與金錢來口試了。所以，比較折衷的作法，就是不說謊話但隱瞞計畫轉系的意圖。例如，可以說，「我目前還不太了解哲學，也不知道未來是否會有興趣，但我願意試試看。」即使內心並沒有真的這麼想，但這樣說其實不太算是謊言，因為即使已有轉系的念頭，還是必須修許多哲學課，而且的確也有許多原本一開始就打算轉系的人，在讀了一年哲學之後，改變初衷而留了下來。難保自己未來不會是其中之一。所以，不刻意去談某些對自己不利的訊息，這在入學申請上，基本上是可以被接受的事情。即使老師幫學生寫推薦信，也可以只提優點而忽視缺點，但說謊是不被認可的。

「先選校、再轉系」的主要缺點

那麼，回到最初的問題：「先選校、再轉系」是否是一個好的策略？不可否認的，它的確有很多好處，可以先進自己比較想讀的大學、甚至先進國立大學省學費。但實際上，我不太支持這個策略，因為它有一項大多數人都忽略的缺點：嚴重影響結交一輩子好友的契機。

在人的一生中，決定幸福與否的因素，朋友往往比工作更加重要。轉入熱門科系或許可以獲得一個更好的工作機會（但也不一定，因為時代不斷快速轉變），也或許可以唸得更有興趣一點（也不一定，因為興趣常常難以持久，而且唸書也不能光靠興趣），但卻很難交到那種可以持續到永遠的朋友。

大學，是交朋友的大好時機，從大一新鮮人開始，一起在比較沒有課業壓力的情況下參加各種活動、一同面對艱難的挑戰、細數日出日落、揮灑青春，直到驪歌響起，每個人都珍惜著這段人生中最美麗的時光。畢業後，繼續扮演著彼此最大的心靈支柱。

「轉系」很可能會毀了這一切。過完青澀的大一後離開，短暫的一年無法結成一生的死黨。進入新班級後，跟新同學缺乏共同的大一經歷，也很難打入別人已經構築好的友誼世界，往往成了獨行俠，或只能跟和自己一樣的轉系（或轉學）生結交，但仍難以融入新生活。畢業後，不清楚自己究竟屬於哪一個社群，認識的人雖更多，卻難以成就那種「一輩子的朋友」。這樣的損失，很難彌補。

所以，我的建議是，除非自己屬於那種善於社交的人，能夠打入別人已經形成的小圈圈，否則，最好不要一開始就計畫轉系或轉學。當然，如果已經唸到生不如死的境界，自然也只好試著另闢天地、突破難關了。

跟著哲學家思考：義務論

十八世紀德國哲學家康德主張，做善事的動力應該遵循來自於內心的一種聲音，這個聲音讓我們知道我們有義務必須這麼做，所以，當我們服從這個義務去做便是善。這種「義務論」的善惡標準在於這種行善的動機，即使沒有造成好的結果，善行仍然是善行，不減其道德的光輝。

這種觀念類似中國儒家的良知學說，主張我們應該遵行良知的引導來實踐人生。所以，「不說謊」是一項應該堅持的義務，為了某個好的結果而說謊依然是不當的。但康德這個主張在哲學史上，不僅不是一個道德哲學上的共識，還有許多反對的聲音。

7 動物是朋友，還是食物？

如果有人在路上被車撞倒，路過的車輛呼嘯而過，將會被批評為冷血。但如果被撞倒的是一隻流浪動物，卻很少有人會停車關心，也不會有人因此遭受責難。

在美國，一名兒童頑皮溜進動物園圍欄區，被一隻大猩猩捉住，即使大猩猩並沒有明顯的攻擊動作，園方為了預防萬一依然開槍射殺。這一槍也等於明明白白彰顯一個事實，人與動物的地位差異極大。動物的生命在人類社會不受重視。這是一個大家習以為常的社會現實，然而，這是否是一件不正當的事情呢？

動物的生命應該更加被尊重嗎？每天有多少雞、鴨、豬、牛、羊為了滿足人類的口腹之慾而被宰殺。動物究竟應當扮演人類朋友的角色，還是更適合作為食物？另外，人類可以為了市容與衛生而撲殺流浪動物嗎？動物是否也該被賦予某些權利？要回答這些問題的最主要關鍵是：「動物是否有心靈？」

動物是否有情感？

十七世紀哲學家**笛卡兒**(René Descartes, 1596–1650) 認為，動物就像自動機器一樣沒有心靈。如果真是如此，動物權的主張將會是件可笑的事情，吃狗肉和吃餅乾在道德上就沒有什麼差異。但笛卡兒的這個主張很可能源自於心靈來自於靈魂的假設，而西方傳統信仰認為，人類靈性來自於上帝造人時吹的一口氣，但《聖經》並沒有記載這口氣有吹向動物。所以，動物沒有靈魂，也就不會有心靈。然而，如果笛卡兒身在東方，接受東方傳統信仰的洗禮，應該會有不同的想法，因為佛教認為動物也處在靈魂輪迴的大漩渦裡。所以佛教反對殺生，主張吃素。

有時會聽到反對吃素的人主張植物也是生命，所以反諷吃素的人連蔬菜也不能吃。但這反對理由是不當的，因為重點不在於「生命」，而在於「靈魂」。有靈魂則有心靈，有心靈就會因被傷害而受苦，為了不要製造痛苦，所以不殺生吃葷。那麼，身在現代的我們，究竟該採用哪一種觀點？

從行為論斷心靈

某些動保人士認為，只要觀察動物的行為與眼神，就可以發現牠們擁有各種情感。所以，動物有著如人類一般的心靈。在這種情況下，吃肉就和吃人一樣殘忍野蠻。然而，這個推理雖很符合直覺，但說服力仍舊不足，因為這些情感來自於我們自己的類比與想像，多數人也能在動畫中感受到各種角色的痛苦與喜悅，不是嗎？

目前合理性較高的主流學界認為心靈來自於大腦，不同的大腦等級，將會導致不同的心靈等級。也就是說，不同的動物，也將具有不同等級的心靈程度。那麼，不同等級的心靈將可能需要不同的對待方式。但問題是如何區分心靈的等級呢？這也是一大挑戰，因為我們目前並不清楚大腦如何造出心靈。而且，如果要比大腦，豬、牛、羊的心靈等級真的比貓、狗還低嗎？為什麼多數人在反對吃貓吃狗的同時，還可以享受三分熟牛排的美味呢？

另外，人類和大猩猩的基因相似度高達百分之九十八，這是否代表著大猩猩和人有著非常類似的喜怒哀樂？如果是的話，我們怎可輕率決定牠們的生死？

近年來針對動物大腦的研究顯示，貓、狗等動物的大腦活動和人類心靈作用時有著相當高的類似性，這或許象徵著牠們也有豐富的內心世界。如果真是如此，我們又怎能把牠們關進收容所籠子裡，倒數生命被剝奪的日子？

依循良知、善待動物

然而，動物心靈的問題根本上難有確切解答。我們可以依據與動物互動時所產生的良心感受來面對牠們。但麻煩的是，每個人的感受不盡相同。

依據**《論語》**記載，**孔子（孔丘，前 551—前 479 年）**的弟子**子貢（端木賜，前 520—前 446 年）**覺得用活羊祭祀不好，依據其良心，他覺得羊很可憐，希望廢除這種祭祀禮儀。但孔子卻不認同，因為孔子認為禮比羊更加重要。

一樣的良心，不同的結果。

所幸良心仍有共通之處，這些共通之處，可以作為最基本的思考基礎。如果大猩猩正準備傷人，開槍救人是比較沒有爭議的。因為即使為了救人而擊斃人類綁匪，對多數人來說可以接受。然而，在大猩猩尚未有任何傷人舉動之前，連發射麻醉槍都覺得太過冒險而直接射殺，完全忽視動物的生命價值。園方做出這個選擇，很可能只是想逃避小孩受傷的可能責難而犧牲無辜動物。動物在人類社會，缺乏生命保障，容易成為兩難局面下的犧牲者。

我們要讓這樣的動物處境持續下去，還是設法思考出一種尊重生命的法治社會呢？身為現代民主社會的公民，我們擁有要求制定法律的權力，善用權責，思考更適當的方式，以良善之心，對待這些一起生活在地球上的鄰居們。

未來世界的記載

事實上，除了無法確認動物心靈，我們甚至也無法確認他人心靈。心靈內在，屬於封閉的知識，無法直接獲得。當我們還無法證明他人有心靈時，依據日常互動的感受，先假設他人有心靈。當我們還無法證明動物有心靈時，依據日常互動的感受，就先比照辦理吧！

但如果真要比照辦理，是不是大家都該吃素了呢？就算可以吃某些低等動物，食物來源也將大幅減少，將給社會帶來巨大的衝擊。至少這可以是一個未來努力的目標，人類社會應朝向與動物和樂共存的世代。而目前至少可以先做的，是減少動物們不必要的痛苦。虐待流浪動物、非人道宰殺的食物都屬於較無爭議，而且可以迅速立法改進的部分。

我猜想，在可預見的未來文明裡，這世界不再會有豬排、牛排、雞腿之類的食物，這些動物將自由活在大自然裡，享受被保護的動物權，而且未來世代的教科書裡，將記載著：「人類在二十一世紀仍有吃牛、吃羊等野蠻行徑。」

跟著哲學家思考：他心問題與類比論證

如何證明他人有心靈的問題稱之為「他心問題」(The problem of other minds)。多數人在日常生活中會自然套用十九世紀哲學家彌爾提出的「類比論證」來思考：「因為人類很類似，所以，當我開心時會笑，別人笑的時候，也應和我一樣具有開心的心理狀態。」這種推理方式雖然有某種程度的可信度，但也容易出錯。主要是因為我們無法直接感受他人的心理狀態。試想，假設小王天生就有「紅綠對調症」：看到紅色與綠色時的感覺對調。我們要在什麼情況下才能發現小王有這種症狀呢？答案是我們永遠不可能透過小王的行為發現這件事情。而小王自己，也永遠無法知道。這個問題稱之為「逆反感質問題」(The problem of inverted qualia)。

8 當然要蓋垃圾場！但不要蓋在我家門口

文明，減少了人類的不便，帶來更多的歡樂。但在享受便利的同時，也遺留大量垃圾。這些垃圾已經帶給人們永續生存的危機。想要保有文明又想避開危機，以當今科技來說也難以辦到。尤其當人們的私心作用時，即使政府立法節制，也成效不彰。

有了垃圾，就需要垃圾場。這沒問題。大家都同意蓋垃圾場，但卻不願蓋在自家附近。這個想法雖然看起來很矛盾，但其實沒有。就好像我可以說：「社會上需要醫生，但我不想當醫生。」這個思路基本上沒有問題。問題出在，萬一大家都不要，那就糟了。我們不用擔心沒人願意當醫生，但在私心的作用下，卻需擔心沒人願意接受垃圾場。

以大家最不想要的核廢料來說，就算蘭嶼最適合，也放夠久了。連總統都公開道歉了，總不能賴皮一直放下去。既然大家都不想要，也該輪一下才公平，但是，該輪到哪裡呢？有什麼可以防制私心又公平的方法嗎？

機會均等的抽籤並非一定公平

舉例來說，在私心的作用下，大多數同學不喜歡擔任值日生，但非要有人做不可時，輪流是可以接受的，因為這符合公平正義的原則。也就是說，只要大家認可公平，在無法可施的情況下，私心事實上是可以克服的。

比較大的問題是，輪完後的學期最後兩天，究竟誰來做？無論老師指派任何人，都會被認為「不公平」。所以，無論政府決定將核廢料放哪，以及垃圾場蓋在哪，只要無法讓人感受到公平，都容易引發反對的聲浪。那麼，我們是否可以找出最公平的辦法？

對值日生來說，抽籤或許最公平，每個人機會均等，但公共政策卻不能這樣做，因為，萬一總統府抽中當垃圾場怎麼辦？府前廣場中間挖個洞，垃圾都丟下去嗎？

無知之幕的正義

當代哲學家**羅爾斯** (John Rawls, 1921–2002) 主張，在思考任何決策時，只要能夠進入**「無知之幕」**的狀態，做到先不考慮自己是否受益或受害，單純客觀衡量。在這種情況下，我們就可以找出符合公平正義的策略。

簡單的說，從羅爾斯的主張來看，人天生具有判定正義與否的能力，當我們不考慮私心的時候，自然知道怎麼做最公平。而無知之幕的用意也就在於讓我們避開偏向個人利益的思路，讓公平正義的觀點自然浮現。

以垃圾場來說，只要政府專家單純依據專業判斷，選擇幾處最適當地點，再提供附近住戶與其損失相當等級的福利，並且設定好使用年限，就可以達成公平正義的目標。因為，只要不依據私心，不考慮這些場所是否在我家旁邊，每個人在理性上都會認為這樣的選擇最好。當內心感受到被公平對待時，私心的作用也會自然降低。

不正義的由來

也就是說，要立一個公平公正的法、要找到一個符合正義的政策，其實並非難事。然而，大多數國家卻都會出現一些不公平、不正義的政策。那是因為當權者的私心總是主導著政策的方向。在真實世界中，道德與正義的相關問題常常不是理論的問題。雖然理論建構完善並不容易，但更難的是，人們是否願意扮演有道德的人，以及當權者是否願意制定與執行符合正義的政策。當政策不公平時，人民的私心便無法有效壓制，容易形成社會問題源頭，造就人人爭奪個人利益的社會。因為若不爭取，自己就會是損失的一方。

消弭不正義的困難

當掌權者的私心介入政策，讓自己成為受益的一方，這種權力就會充滿誘惑力。越是受制於這種誘惑，就越想獲得權力，也就越會努力爭取，通常就更容易獲得。而對於不濫權的人來說，權力只是責任，於是缺乏強大的動力去爭取，也就往往不會獲得權力。依據這種自然淘汰的演化方式，各種公權力將永遠被濫權者把持。

也因為如此，即使偶爾有人願意遵循公平正義的原則處事，民眾也常常不相信政府的決策真的是依據公平正義的思考原則，而總認為背後有著黑箱作業。某些地區住著高官，所以就算適合蓋垃圾場，也會在暗中被排除。有些地方有議員關說，所以在被選擇之前，也冠以謊言表明該地區不適合放置核廢料。在這種情況下，當自己住家附近被看中時，怎能不生氣、不抗爭呢？

當然，並不是所有政策都有黑箱與關說，如果人們能夠信賴政府，知道一切決策都依據專業評估，並且遵循公平正義，那麼，即使住家附近要蓋垃圾場，多數人也會像是抽籤抽到值日生一樣，雖然不高興，但也會在理性的考量下接受。所以，要解決這類問題，很大的一個因素，是政府必須贏得人民的信心，相信一切都在公平正義的軌道上運作。要做到這點，就必須真的這麼做，去除黑箱、杜絕關說。因為，在一個言論自由開放的社會裡，任何欺瞞都是無用的。

跟著哲學家思考：無知之幕

羅爾斯在其名著《正義論》(*A Theory of Justice*)中主張，只要能夠依據「無知之幕」的思考，就可以做出符合公平正義的決策。這種思考也就是先把個人的各種身份、條件、能力、種族、國籍、年齡、性別、價值觀等等資訊先不考慮，像是放入幕中看不見，而對自己的特殊性形成無知的狀態。在這種無知的狀態下，我們就自然能夠運用理性，做出最公平正義的思考。

試著想想看，假設某位高官制定了一個政策，這個政策卻對這位高官家族最有利，或者，某高官的親戚被指派重要職位，這是否表示這位高官的思考並沒有遵循公平正義的原則呢？通常若遇到這種情況，大多數人都會覺得裡面一定有鬼，網民也會開始聚集叫囂怒罵。但事實卻不一定如此，否則，即使有最好的選項，為了避嫌而選擇次一等的選項，這樣的作法，反而不符合公平正義。所以，當遇到類似事件時，不要立刻認為裡面有私心介入，先思考這個選項是否真的適當，如果適當，就先相信當權者；但如果明顯不適當，下一步才是私心的假說。

9 讓座與博愛座存廢的思考

「讓座」是一個道德觀。就算沒有這個道德觀，還是會有人讓座。但有了這個道德觀，讓座的人會增加，提高老人、孕婦、以及幼兒有座位的機會。不過，擁有好處的同時也帶來壞處，因為道德觀會增加人與人之間的衝突。當有人似乎應該讓座卻不讓座時，就容易遭受譴責。而這樣的譴責，也可能是誤解，說不定被譴責的人是個更需要座位的病人，於是導致社會上不必要的紛爭。

如果少點道德觀，社會可以減少許多單純由觀念造成的紛爭。整體來說，有好也有壞。就像在排隊購物時，如果有老人或是孕婦過來，是否應該禮讓他們插隊呢？我們目前沒有這個道德觀，所以也不會有人因為沒有禮讓而被譴責。但若變成了道德觀，將會有更多老人和孕婦在排隊時受到禮讓的待遇，社會似乎更和樂，但在該禮讓卻沒禮讓時，一樣可能產生衝突。不同的道德觀，有其不同的優缺點。有些需要改進，有些則應考慮廢除。

那麼，讓座問題到底該怎麼處理比較好呢？想弄清楚這個問題，需先思考道德觀所屬的不同層次——美德與義務。

美德與義務的差異

捐錢是美德，沒有強制性，不願意捐錢則是個人自由，不應受到譴責。接受基礎教育則是義務，有強制性，不讓小孩接受教育的父母應受到責罰。那麼，讓座呢？

這個問題在不同文化的社會裡有不同的界定。在臺灣，讓座比較偏向美德，而非義務。也就是說，讓不讓座，是個人自由，不該被譴責。而將讓座設定成一個道德觀，目的不在於強迫大家遵守，而在於提醒。所以，如果一個站不穩的老人上了公車，但沒人讓座，在這種情況下，沒有人須要被譴責。頂多只能感嘆這些人缺乏愛心。也就是說，只要群眾中有一人具備愛心，整體就沒問題。但這種群體的品格教育並非一朝一夕可以達成。所以，對於非常需要座位的人來說，搭乘大眾交通工具時，自己要有個萬一沒座位的心理準備，尤其在長途旅程中，多數人並不想讓座。自己也沒有權力可以強迫他人讓座。

只要認同讓座屬於美德，就容易有無人讓座的窘境。如果覺得這樣的文化不好，其實是可以改的。我們可以把讓座的美德改成義務。但這樣會比較好嗎？事實上問題更大，因為如果讓座具有強迫性，那麼，當步履蹣跚的老人上車時，究竟誰要被迫讓座呢？如果沒人自願，難道要抽籤嗎？

「博愛座」上場救援

在這政策的困局中，聰明的「博愛座政策」上場救援。雖然讓座並非義務，但我們可以把少數座位的讓座變成義務。對於坐在博愛座的人來說，讓座不再是美德而是義務。這個策略，至少讓需要者提高獲得座位的機會。

雖然博愛座策略的確在美德與義務間找到一個中間的平衡點，但卻衍生出其他問題。主要問題在於，許多人屬於隱性需求者，從外表看不太出來，遇到這種情況該怎麼辦呢？例如，如果有年輕力壯者由於工作過於勞累幾乎都站不穩了，他或許比年長者更需要座位，但當他坐在博愛座時，一定會遭到許多歧視的眼光，而且還說不定會被指責，該怎麼辦呢？於是有人主張應該廢除博愛座。但是，這樣的思考過於輕率，因為大多數政策都會有缺點，如果有缺點的政策都要廢除，那不知還有什麼政策可以繼續存在了。在討論其存廢之前，有兩個關鍵問題需要先討論。

博愛座政策的反思

第一，人們在日常推理中容易犯下一個稱之為「訴諸無知」的謬誤，也就是常常會把沒看到的當作不存在。這樣的思考習慣容易讓人自然忽略隱性需求者。當眼睛看不到，就要點亮理性之光，讓深度的思考協助我們。「既然人家坐在博愛座，那就表示他有需要，雖然表面看不見，不表示沒有。」只要思考能到達這裡，就不會莽撞行動，就算要指責別人，也要先瞭解再說。全民思考能力的提升，可以改善這個問題。

第二，假設真的有人無故佔用博愛座，而且還不理會那些明顯需要座位的人。在這個情況下，是不是人人有責去指責他人呢？在臺灣社會裡，多數人認為去指責不道德者是一個好的行為。過去教科書甚至也鼓吹大家發揮這種「道德勇氣」，看到有人做不該做的事情，就勇敢說出來。然而，這真的會讓社會更好嗎？

雖然這對不道德者的確造成某種程度的輿論壓力，但是，也造就了許多可以避免的衝突，以及培養了許多「正義魔人」：僅僅依據一些簡單的道德法則，就做出非常篤定的道德判斷，並訴諸行動。

其實，很多文化並不鼓勵這種作法。就以美國來說，如果在圖書館遇到隔壁桌講話很吵，在旁受到影響的人是沒有資格去勸阻別人的，因為他們並沒有被賦予「維持秩序」的公權力。正確的方法，是去請受過專業訓練的管理員來制止。這樣可以避免許多不必要的衝突。並不是每個人都知道如何教育別人，以及扮演道德監督的角色。

只要這兩者中任何一項獲得改善，博愛座就不再是衝突來源。否則，廢除博愛座將會是一個值得考慮的選項。

跟著哲學家思考：訴諸無知的謬誤

「謬誤」指的是似是而非的推理。當我們把看不見的東西自動推理為不存在時，就犯了訴諸無知的謬誤。例如，騎機車時，看不到停在路邊的車裡有人，自然當作沒人而忘了保持適當距離，所以當車門突然打開，就容易發生危險。洗碗盤時，當摸不到洗潔精滑滑的觸感時，就當作沒有任何殘留，但實際上卻未必。看不見潛在危機時，常常就覺得沒有危機。如果能預先看見這些潛在事物，將會避免許多災難。

10 開設賭場的省思：理性與感性的衝突

沈迷於賭博，顯然是件壞事。但偶爾賭一下，有關係嗎？臺灣許多家庭會在大年夜推幾圈麻將，大家圍坐一起閒話家常，輸贏大都不會太大，既有娛樂性，又可以提升家人感情。而且走出家門後，幾乎都不會再賭，在這種情況下，有何不可？所以，賭博未必一定是壞事，只要管控得當，甚至會是一件好事。因此，許多國家設立公共賭場，希望可以增加人民的娛樂，並且減少地下賭場的危害。

然而，臺灣也該跟進嗎？政府雖想嘗試，但需要讓當地人接受，可是澎湖博奕公投幾番失敗。在全世界多數先進國家開放賭場多年之後，臺灣仍舊無法跟進。這是道德崇高，還是思想落伍？開設賭場究竟是好是壞？這事件背後可以有什麼樣的省思呢？

賭博導致家破人亡並非虛言

常會聽到許多長輩告誡，「千萬別賭博，賭博會家破人亡。」這句話實際上並非危言聳聽，許多人的確因賭博而家破人亡。但有時會發現一件奇怪的事，為什麼長輩們自己也在賭呢？這不是很矛盾嗎？

不可否認的，賭博是一種生活樂趣，只不過這種樂趣是有風險的。第一層風險是賭太大。萬一輸了，損失慘重。第二層風險是會上癮。每天只想賭，什麼事都不做。如果有人可以對這兩層風險免疫，自然可以偶爾享受一下賭博的樂趣。所以，長輩們自己賭可能是因為已懂得節制，而告誡晚輩不要賭，可能是擔心晚輩受不了誘惑。這裡不一定有矛盾。

然而，既然賭博有風險，而且就算贏錢，好像也不太道德。娛樂種類這麼多，為什麼非要選擇這種危險性很高的賭博呢？何不乾脆永遠禁止這種娛樂，以防範未然，政府還開什麼合法賭場？

理性與感性的人生觀

要討論這個問題，可以從理性與感性不同的人生觀來看。感性的人生觀偏重美學，品味人生，選擇有趣的事情去做，像是到處旅遊、嘗試各種不同的經歷、甚至冒險挑戰喜馬拉雅山。而理性的人生觀偏重倫理學，選擇合乎理性與道德的事情去做，像是少鹽、少糖、不吃零食的健康生活。但這樣的人生雖然安全、平靜，卻較枯燥乏味。如同十九世紀存在主義哲學家齊克果（Søren Aabye Kierkegaard, 1813–1855）所說，**「在美學的天空下，一切顯得那麼輕盈、優美、即時。一旦倫理學登場，一切就變得那麼沈重、頑固而無聊。」**然而，凡事皆以感性主導也不是好事，若無理智制衡，就容易脫韁而出，失控墜落。尋找一種兩者間的綜合體，才能實現美好人生。

所以，好玩卻危險的事，別否定太快，先尋找防止陷落的方法，若有，就讓這個樂趣保留來美化人生吧！其實只要仔細想想，就會發現要讓賭場盡可能不要讓人沈迷並非難事。例如，參考其他國家的作法，設定年齡限制，禁止自制力較低的青少年進出賭場。另外，或許還可以增設每人每日換取籌碼的上限，以防止賭太大、輸太多的危機，以及限定每個月能進賭場的天數，以防止沈迷。

顯而易見的，解決辦法並不是沒有，而且只要控管得當，比買刮刮樂、簽樂透、以及股市操作的風險更低。但為何賭場爭議這麼大呢？除了在倫理學的人生觀中，一切都以道德考量的保守思維之外，這其中還牽涉到幾個重要因素。

反對賭場的理由與迷思

首先是對賭徒的迷思。在日常生活中或在電視劇裡，賭徒總是關連著酒鬼、失敗者，甚至罪犯。但事實上每個人都是天生的賭徒，而且就是因為沒有合法賭場，進出非法賭場的人才會比較偏向社會邊緣人。只要去過西方合法賭場，看到許多紳士淑女們悠閒享受賭博樂趣，無論輸贏，都是雍容自在，自然也就會對賭博的印象改觀了。

其次只在澎湖地區設賭場的確容易造成當地環境的破壞。這可能也是澎湖居民不希望發生的事情。雖然預期會帶來經濟的快速發展，但卻將失去原本寧靜優美的鄉村社區，得不償失。那麼，為何只把合法賭場設在離島呢？為何不學學許多先進國家設在觀光區呢？事實上，這裡牽涉到一個大眾比較容易忽略的重要因素：合法賭場會危害非法賭場的巨大利益。

地下產業是反對合法產業的主力軍

就像臺灣在多年前開放樂透之後，地下簽賭事業便迅速凋零，對於原本掌控地下簽賭事業的組織來說，傷害極大。因此，他們會用盡各種方式抹黑樂透，甚至可能暗地裡花錢請民代全力反對，期待這樣的政策不要過關。

當各種地下化的產業有可能被合法產業取代時，通常就會利用大量金錢關說，藉以扭轉政策。公權力將被看不見的黑手干預。當政治無法擺脫這股惡勢力，政策就會倒向利益團體。而且這股力量還容易戴上道德的假面具指責開放者。因此，違法開賭場的，常常就是批評合法賭場不道德的最大勢力。如何防止不當力量介入政治，考驗著政府高層的決心，以及民眾的智慧。

當然，反對賭場的人，未必全是依據私心，也可能認為賭場容易腐化人心，如果開放賭場，將有許多原本不賭的人踏進這個世界，或許對其一生將產生不良的影響。然而，這個部分卻是好壞參半，因為，開放賭場之後，也同時會讓許多喜愛賭博的人遠離地下賭場，走向不會有詐騙、較好控管的合法賭場，這也可能解救許多即將面臨家破人亡命運的眾人。那麼，賭場究竟是不是該開放呢？這當然還是要看賭場的政策究竟是不是真的能夠取代地下賭場，並且盡可能降低使人沈淪的機會。

跟著哲學家思考：存在主義

齊克果是存在主義(existentialism)的始祖之一。存在主義反對西方自蘇格拉底以來強調以理性思考來掌控生命的主張，強調人的存在自覺與真實內心感受才是生命的最核心。這有別於笛卡兒的名言：「我思故我在」；存在主義則認為：「我在故我思」。存在主義可說是情感企圖掙脫理性束縛的反動，強調人活著，最重要的，還是內心的各種感受。

當然，存在主義者也不會主張人們應該要完全釋放情感，任性生活。就像另一位存在主義者尼采認為，完全以理性掌控人生會讓生命枯燥，缺乏活力；但讓情感完全掌控人生則會使生命陷溺，尋找兩者間的最佳平衡點，才能活出最美麗的人生。

11 從「感覺」到「事實」的差距：你以為的真的就是事實嗎？

我常鼓勵學生養成反思的習慣，沒事時也可以想想自己覺得什麼事情理所當然，然後挑戰它，看能否到達懷疑的地步。

有一天，一位同學對此感到很不以為然。他說，「對於正確的事情為什麼還要浪費時間去反對呢？這種為反對而反對的作為不是很沒意義嗎？」

的確，嘗試去反對「正確的事情」，除了練習思考之外，意義不大。「但問題是，」我問學生，**「你如何確定一件事情是正確的？如果不試著反駁看看，如何確認？」**

經常反思，就有機會找出自己在理由不足的情況下視為理所當然的想法。缺乏反思習慣，就容易具有自以為正確但卻錯誤的知識而不自知，也就容易做出錯誤抉擇。

認定正確的卻未必正確

事實上，我們以為正確無誤的事情，有時並非事實，可能只是來自於輕率思考或只是因為周圍多數人有相同觀點而已。要跳脫這種困境，最好能夠了解錯誤知識形成的各種因素。

而其中最常見、也最難發現的因素大概算是「同溫層」效應。由於年紀、性別、觀念、興趣、想法等屬性類似的人，容易結交並分享想法，久而久之，感覺上某些想法似乎是大眾的共識，但實際上卻未必如此。而這種認知卻會讓我們降低戒心，失去發現錯誤的良機。所以，多接觸不同的人、不同的國家文化，有助於跳脫這種井蛙之見。況且，當整個時代大多認同某種觀念時，想要跳脫就更困難了。就像當整個世界都傾向於重男輕女時，站在最前端的女權鼓吹者，就容易被視為異端而遭受迫害。那麼，回頭反思一下，我們的某些觀念是否受限於這個時代，而被我們視為理所當然，正在以極多數的力量，反對某些被我們稱之為極端者、敗類的先進觀念鼓吹者呢？

除了同溫層效應，許多在成長中無意間形成的偏見、內心隱藏的私心作用，也都容易將人導向錯誤思考。

感覺這樣，事實卻不然

國際市調中心**益普索—莫里（Ipsos MORI）**針對許多國家國民在感覺與事

實間差距研究提供了許多這類錯誤思考的案例。該研究指出，有許多議題，人們感覺上的推測和實際問卷結果差距很大。

舉例來說，「你覺得國內有多少穆斯林？」所有國家國民的推測都比實際比例高很多。法國人推測約百分之三十，但實際上只有百分之七點五。而臺灣人推測有百分之七，但實際上卻只有萬分之一。導致這種認知偏差的因素，可能是由於新聞常有伊斯蘭教世界的紛爭與恐怖攻擊，新聞多了，就容易感覺四周有較多穆斯林。這種效應就像媒體經常播報犯罪新聞時，容易讓人感覺生活四周很不安全。

另外，當問到有多少比例的人目前處在開心狀態時，每個國家國民都嚴重低估了。韓國最嚴重，覺得只有不到四分之一的人感到快樂，但實際上卻有將近九成的人覺得自己處於開心狀態。會覺得多數人不快樂很可能也是由於負面新聞的作用，尤其連臺灣都有關於韓國人工作壓力很大的新聞，他們自己自然也容易被這類新聞干擾判斷。

當我們經常聽聞不幸消息，就容易錯估大眾快樂程度。除此之外，人們喜歡在社群媒體抱怨與發洩情緒的風氣也會導致我們誤以為多數人不快樂。

科學研究也有偏差的可能性

然而，反思習慣也能讓我們不輕易掉入那些看似嚴謹科學研究的陷阱裡。例如，這個關於快樂比例的研究數據顯示多數國家都有接近九成的人感到快樂，這會是真的嗎？由於這個數據和我們的日常印象差距太大，不禁令人感到可疑。這時我們可以思考其研究方法是否有問題。

雖然研究方法屬於隨機抽樣的問卷，但仍存在導致誤差的因素。例如，心情不好的人較容易拒絕受訪，而心情好的比較有耐心與意願協助研究者做問卷，因而造成九成的數據。這數據或許只能顯示，「願意填問卷的人有九成是處於開心狀態的。」而那些正覺得自己不快樂的人，由於根本不想理會研究人員，所以自然被排除在問卷調查的範圍之外了。如此一來，這樣的研究就不夠客觀。

然而，如果填寫問卷有贈送禮物的話，或許可以大略排除這種狀況，因為即使不快樂，也可能會為了禮物而接受問卷調查，但如此一來，就可能導致另一種偏差，這九成的人之所以快樂，或許是因為有禮物可拿的關係。也就是說，問卷調查本身就是快樂的來源。那麼，這樣的研究也容易產生偏差的結果。

認同同性戀的人多，還是反對者多？

另一個有趣的問題是，所有國家感覺他人無法接受同性戀的比例都高過填答者的比例。不過這個研究也有可疑之處，因為當今社會輿論較偏向接納同性戀者，對於內心不願接受的人來說，較容易做出不實的回答，以免不小心被知道而遭受譴責。就像臺灣上街遊行支持同性婚姻者雖然往往比反對者多上幾十倍，但實際比例卻不一定如此，因為支持者年輕人較多，較有行動力，也較願意參與活動。這因素會導致偏差的統計。要想知道真實的正反方比例，仍需有更謹慎的科學研究數據。

校園裡可能也有許多類似的現象。例如，多數學生表現出喜歡「輕鬆、無負擔的課程」，因此誤以為那些較願意挑戰艱難課程的學生比例很低。甚至連老師都很容易有此感覺。這有可能只是因為許多學生不願表露企圖心，以及努力向學的一面。因為課堂上往往有個很奇怪的價值觀，容易歧視努力用功的學生。

思考偏誤製造假資訊

人們的想法很容易受到現有資訊的干擾而產生錯誤的認知。**全球傑出人才社群機構**的創辦人**杜伯里(Rolf Dobelli)**將這種干擾作用稱之為**思考偏誤**。在其著作**《思考的藝術》**中有兩種思考偏誤與此息息相關：**「現成偏誤」**與**「存活者偏誤」**。

「現成偏誤」指的是我們習慣以現成的資訊來理解事物。就像常聽到某個主張，就以為有此主張的人比例很高，但很可能只是因為這些訊息較容易被報導，或者自己的朋友圈較多屬於此種類別的同溫層效應而產生認知偏誤。

「存活者偏誤」則是指看得見的例子，都是最後存活下來的優勝者。像是成名搖滾樂團、生意興隆的商店。由於我們不容易看見那些失敗者，就容易高估成功的機率。

要擺脫認知偏誤，必須張開智慧的雙眼，養成反思的習慣，經常性的反思自己認為確定無誤的知識。即使暫且找不到問題，也要讓哲學最強調的**「無知之知」**協助我們：「沒有找到問題並不代表沒有問題，可能只是自己還沒有能力發現而已。」當我們可以知道自己知識的缺乏，並去尋找那些眼睛看不見的資訊，才能盡可能避免因為錯誤認知而導致錯誤的行動與不良的後果。

跟著哲學家思考：無知之知

哲學自蘇格拉底以來就非常強調「無知之知」：知道自己針對某些事物處於無知狀態的知識。具備此種知識，就不會過度自信而導致不良後果。例如，當我們要做一個重大決定時，要知道一定存在有尚未想到的不良後果，盡可能先找出所有可能的壞處，防範未然，就容易走向好的結局。

而當我們遇到很大的困難時，常常覺得根本無法解決，但事實上，只是自己能力或是知識不足才會有這種情形，打開無知之知的智慧雙眼，就可以發現一定有巧妙解決的方法，只是自己尚未發現。只要有這種認知，就容易努力去尋求解答，也就比較可能真的找到解決之道。

最難獲得的無知之知屬於反思能力。知道自己不知道如何反思的人，會努力學習。但是，要知道自己缺乏反思力，需要相當程度的反思力。所以，反思能力越差的人，就越不知道自己反思能力不足。而這些人往往充滿信心在網路上或在生活中高談闊論，與人爭論，甚至隨意批評，而且很難溝通。這也是社會上非常麻煩的問題來源之一。

12

輕率思考的窘境

「輕率思考」經常是各種問題的來源，我們也常常看見別人的輕率思考。但是，很少有人會覺得自己思考輕率。理由很簡單，因為如果可以看見自己正在輕率思考，那思考就不再輕率了。所以，輕率思考的最主要問題在於思考者根本處於無知的狀態。所以提醒別人不要輕率思考是沒有用的。那麼，該如何避免輕率思考呢？

外拍女模命案引發的輕率思考

舉例來說，有個刑事案件是一名女模被騙到一個地下室去從事外拍工作，但卻不幸遭到殺害。殺人者被逮捕後對檢調供稱其女友（也正好是被害者的好友）才是幕後主使者。然而，兇手所言是否屬實呢？在真相未明之前，這個供詞就陸陸續續出現在各報章媒體，外加媒體自行揣測教唆殺人的動機，各種僅僅看似合理但卻未經證實的說詞讓兇手女友飽受困擾，臉書湧現數萬則辱罵的留言。

然而，這一切在兩天之後有了大逆轉，原來兇手只是為了脫罪而說謊。在這一場萬夫所指的烏龍事件裡，一大群人基於不同的角度輕率思考，而且依據輕率思考而行動，導致無辜的人受害。事實上，社會上這類事情或大或小層出不窮，帶來不必要的混亂與傷害。如果可以避免，整體社會的幸福感將大幅提升。那麼，該如何避免呢？

批判性思考防止思考輕率

首先，我們可以從這個案件看見一件令人驚訝的事情，在真相被揭露之前，數量龐大的警方、檢調、記者、以及一大群接收資訊的群眾，相信兇手未經證實的言論，並藉此付諸行動，完全沒有懷疑。但事後想想，便會發現整個事件其實疑點重重。也就是說，這些疑點實際上可以事前想到，並不需要什麼了不起的思考能力。只不過需要養成一種對於訊息都至少稍加懷疑的習慣。簡單的說，就是批判性思考能力的缺乏而導致思考輕率。這也同時讓我們再一次感受到全民批判性思考教育的重要性。

從這案例，我們可以看見臺灣社會大批群眾的理盲程度，缺乏良好的批判性思考能力。僅依據簡單的推理，就得出明確的結論，並付諸行動。這種社會習性，將會持續傷害社會。

批判性思考的主要功能在於發現錯誤推理，以及防止接受錯誤訊息。要提升此能力，需要瞭解人們的思考習性，以及學習辨識似是而非的推理，提高偵錯神經的敏銳度。

單向思考導致輕率思考

在思考習性方面，人們大多先依據簡單判斷形成結論之後再去找支持理由。因此，很容易形成錯誤思考。當我們一開始就站在某個立場，容易形成偏見，眼光著重在對此偏見有利的各種訊息，發現越多就越肯定，形成一種單方向的簡單思考。除非養成一個「換邊思考」的習慣，無論某個觀點有多麼合理，都嘗試思考不同的可能性，才能避免輕率思考。

要養成這個習慣，需要有一種懷疑精神，對大多數觀點抱持「有可能錯」的態度。這類似批判性思考中一種需要學習的謬誤，稱之為**「把合理當正確的謬誤」**。人們容易採信合理的解答而直接當作是正確的。但合理的不一定是正確的，無論多麼合理，都有可能是錯的。只要經常性的抱持這種謹慎的觀點，就容易讓我們在踏入錯誤之前，停下腳步，先謹慎琢磨，才去行動。

如何避免輕率思考？

在這個案例中，只要我們願意嘗試懷疑一下，兇手是否有可能說謊，或是那位被指為主謀的女性是否有可能是無辜的，當我們不停留在單向思考，而開啟不同思考路線之後，就會發現很多有利於這個假設的訊息，也就能好好再評估究竟何者才是正確的解答。思考到這個步驟，就不會妄下結論，盲目行動。

另一個與此事件息息相關的謬誤稱之為**「輕率因果連結的謬誤」**。正如曾有人對嫌疑人提出的質疑：「如果妳沒犯案，妳男友為何要說妳犯案？」只要心中沒有定見，就很容易找出其他可能的因果連結。例如，「想脫罪」就是一個很好的理由。只要保有一點懷疑心，這些思考其實都不難，只要內心有這些思緒，就不會莽撞的做出錯誤的判斷與展現不當的態度。

批判性思考協助我們避開危險

另外，從這個案例也可以發現，批判性思考的養成也有利於我們避開危險，不易過度聽信他人而讓自己陷於危險當中。當然，為了不要干擾日常生活，我們也不宜對人一直抱持著懷疑的態度，只不過，心中必須隨時存著各種不同可能性的假設，對於有可能會鑄成大錯的決定，應盡量避免。例如，避免前往有危險的地方。如果無法避免的時候，也需要找出一種能讓自己盡可能安全的方法。就像外拍女模被帶到危險地方時，如果抱持著懷疑態度，試著想一個讓自己更安全的方法，也就可以避開危險。例如，為了不要顯示懷疑他人而得罪別人，可以假裝自己突然有事需要立刻打電話給親人或是好友，並且順便說說自己的現況，以及跟哪些人在一起。當潛在罪犯瞭解自己的犯罪難以脫逃時，大多會打消念頭。

但無論如何，我們需要先有一個能夠發現危險的思考能力。因為，危險常常發生在我們誤以為安全的軌道上。而這也是批判性思考能力可以協助擴展的眼界。

跟著哲學家思考：批判性思考

批判性思考的英文是critical thinking，原意是表達一種對於訊息與思考都很挑剔、不輕易接受的思考型態。這並不像中文翻譯有要批評他人的感覺。相反的，批判性思考最主要的功用在於反省自己的推理與所接受的訊息。

學習批判性思考，可以先從各種思維謬誤的辨識能力開始。因為各種思維謬誤都有其特徵，只要記住這些特徵，就可以自動引發內心的懷疑心。例如，「把合理當正確的謬誤」的特徵是「聽起來很有道理而當真」，當內心出現這種思維狀態時，就需要再思考，其合理性有多高，以及是否也有可能是錯的，只要思維進入這一個反思的層面，就能提升批判性思考能力。

13 植入晶片的未來世界，是夢想國度還是一場惡夢？

隨著科技進步，在人體植入晶片的可行性與安全性越來越高。近來已有企業讓員工可自願將晶片植入到手掌裡。有了晶片，只要揮揮手就可以打卡、開辦公室門鎖、以及買東西，永遠不用再擔心哪一天忘了帶鑰匙，也不用再擔心鑰匙遺失。許多人很樂意的接受了，但也有許多人感覺怪怪的，猶豫不前。

植入晶片並不必然破壞隱私

雖然在人體內植入晶片令人感覺奇怪，總覺得隱私權似乎受到破壞。但仔細想想，如果只是把身份辨識的功能植入體內，其實較無爭議。這和使用有身份紀錄的卡片開鎖和手機購物其實差不了多少，頂多只在於不是隨時可以擺脫它而已。

也就是說，如果只是用來打卡、開鎖、以及購物，隱私的問題並不大。而且如果要買什麼不想讓別人知道的東西，就不要用晶片付款就好了，幾乎沒有什麼好擔心的。人們會覺得怪，可能只是因為有著「和動物一樣被植入晶片就和動物一樣被控管」的錯覺，這個想法算是一個**「不當類比的謬誤」**。因為，雖然動物植入晶片的目的可能是控管方便，但人類植入晶片的目的不一定非如此不可，也可以單純是為了便利，而不是一定要用「被控管」來解讀。如果觀念轉得過來，便較容易接受新事物，將更能自在地走在便捷的科技發展前端。

新科技減少犯罪率

然而，雖然這種功用本身爭議不大，但在科技與觀念不斷進步的情況下，可以預見未來，當多數員工願意植入晶片後，為了方便與節省開銷，以及辦公室的安全維護，某些企業將可能完全取消一般卡片或鑰匙，進而強迫每位員工植入晶片。甚至為了維護社會治安，國民可能也在一出生就被植入可以被 GPS 定位的晶片。這樣的未來的確給世界帶來新的氣象，每一個犯罪都將難逃法網，這將使得犯罪率大幅降低。然而，人的隱私也可能被嚴重侵犯。這樣的未來世界，究竟會創造出人類的夢想國度，還是最終會成為一場惡夢呢？

這裡牽涉到的真正問題，是這樣的科技究竟會不會被濫用。如果只是用來讓生活更便利，以及用來防止犯罪，那麼，這將促使人類生活大躍進，理想中的美麗新世界將有可能實現。

例如，現代街頭已經裝設許多攝影機，當牽連到犯罪現場時，檢警便可調閱監視器，以便於偵察。這對於減少犯罪率已經有很大的幫助。但在平時，雖然很多人的隱私已經暴露在攝影機的鏡頭下，但只要沒人調閱它們，就不會有妨害隱私的問題。所以，即使所有國民都可以被 GPS 系統定位，只要這樣的系統只用於偵察與防止犯罪，那麼，就可以兩者兼顧，毫無問題。

破壞隱私的歧路

但是，許多事情往往事與願違。例如，為了選舉得利，有人會故意洩漏對手的就醫紀錄。某些警察（或其他有權力調閱他人資料的人）也可能只是為了私人恩怨或個人利益而去調查他人隱私。甚至在當今社會還有專門買賣個資的違法行業。當人們的各種資料被有心人士掌握後，究竟會導致什麼樣的不良後果呢？這著實令人難以想像。

最糟的情況是在政治局勢動盪之後，一旦民主體制遭受破壞，有人可以一攬大權時，這種科技將轉變成獨裁者控管人民的最佳武器。在這種情況下，任何革命行動將不再可能發生，獨裁者將可完全掌控一個國家、甚至整個世界。這帶給人們的，將會是一場惡夢。

因此，在科技的持續發展中，必須同時發展出能夠防止這些弊端的科技與制衡力量。否則，我們寧可保持目前這種稍微不太便利的社會，以免在積極努力之後，雖然獲得小小的幸福，卻帶來更大的不幸。

跟著哲學家思考：不當類比的謬誤

人們容易把兩樣具有類似性的東西做類比，並把其中一個東西的特質加諸在另一個上面。但當被類比的特質與其類似性無關時，便犯了不當類比的謬誤。例如：有人主張「既然有問題（因而無法正常運作）的商品可以退貨，有問題（有錯字）的書也可以退貨。」這個推理把具有「有問題」這個類似性的書和商品做類比，導出這些書和商品應該一樣可以退貨。但實際上，在此案例中，真正導致商品可退貨的因素是「無法正常運作」，但有錯字的書卻並非如此。所以，這個推理就犯了不當類比的謬誤。

我個人就曾經在無意間犯了這個謬誤。有一天我在郊外走步道時，看到一隻被當寵物養大的鵝，一副很兇的樣子。我就想，如果遇到一樣是被當寵物養大的狗很兇時，只要不去驚嚇牠，慢慢從旁走過，就不會被攻擊。所以，我認為鵝應該也和狗一樣，於是就從旁慢慢走過去。結果卻被牠攻擊，還差點跌落溪谷。事後想想，覺得思考過於輕率，雖然這些狗和鵝一樣是人們養的寵物，但這個類似性無法推出「只要不受驚嚇，就不會攻擊人。」因此，我發現自己當下犯了不當類比的謬誤，幸好沒什麼大礙。如果可以提早警覺，就可避開可能的危險。

14 為何要學習？一定要學習嗎？

學會了任何知識、技能，大多會讓人感到快樂，就算學到沒什麼用的東西，也很少有人會後悔，頂多後悔浪費了時間因而少學了其他的東西。

但是，從小學開始甚至一直到大學畢業，學生們卻常常質疑：「一定要學習嗎？」為何會有此疑問呢？我想，那是因為，學習過程大多並不愉快，如果人類開發出像是哆啦Ａ夢劇中的「記憶土司」，只要吃一片就學會了。那麼，不會再有人厭惡學習，也不會再有人問，「一定要學習嗎？」

然而，由於我們目前並沒有記憶土司，所以學習的確是一個惱人的問題，既然學習過程這麼不開心，有什麼理由一定要強迫自己呢？

有確定答案的問題vs.沒有確定答案的問題

要討論這個問題之前，我們首先要將問題分成兩大類：第一，有確定答案的問題；第二，沒有確定答案的問題。有確定答案的問題可以獲得一個確定的解答，而沒有確定答案的問題，只能獲得一個相對較合理的解答。如果我們針對第二類的問題，卻要求一個確定的解答，那麼，我們只能說，此題無解。

舉例來說，「為什麼十八歲才能考駕照？」這是一個有確定答案的問題，答案是：「法律是這樣定的。」但如果我們要再追問：「為什麼法律要這樣定？」或是「這樣定是最好的嗎？」這些問題就很難獲得一個確定的答案，我們只能尋找相對較合理的解答。而「為何要學習」的問題，也屬此類。因為所有理由都不是必然的，但我們仍舊可以尋找相對合理的解答。

學習的合理理由

如果只要找出合理解答，這就很簡單了。例如，「學習可以讓我們的生活更豐富、更美好。」當我們學會了各種知識、技能，甚至處事的智慧，都可以讓生活更加便利。例如，學會了電腦知識，可以自行解決自己的電腦問題，不用每次都要找人幫忙；學會了生活智慧，可以更了解如何處事，獲得幸福人生；學會了創意，可以增加生命樂趣、也是事業發展的重要潛能；即使只是學會打桌球，也是一個很好的休閒娛樂。這些都是學習的價值。

當然，並非中、小學課程都具有顯而易見的實用性，有些屬於更基礎的能力，是為了未來走得更遠而須事先做的準備。但當學生們還看不見它們的價值而又在學習中遇到挫折時，難免會質疑學習的意義。而且，「哪些東西該在中、小學階段學習」此一問題也是有爭議的，或許有些真的沒這麼必要，也或許有些非常必要卻不在裡面。這也是教育學者與政府官員們需要不斷思索的問題。

然而，站在學生的立場來看，其實不會有什麼東西是完全沒有學習價值的，尤其遇見困難時，克服困難本身就已經很有價值。但當困難過大而難以克服時，萬一生出厭惡學習的心理障礙，的確得不償失。所以，每個人可以思考對自己最好的學習策略，究竟該克服每一個學習障礙，還是放棄某些部分，選擇其他自己覺得更有價值的知識來學習。

為何「學習」沒有必然性？

然而，即使學習有這麼多的好處，還是難以得出「一定要學習」的結論。

主要理由有兩個。第一，知識有時也有壞處。因為知識本身就是一個認識事物的框架，學會一個框架，就很容易被框住而難以跳脫。以道德相關知識來說，這種知識的本意是希望大家遵守道德規範，讓社會更和諧。當人們被這些知識框住，並視為理所當然時，就會用它來監督他人或是譴責他人，導致缺乏包容力的紛亂社會。這就像**老子（李耳）**所說的：**「絕聖棄智，民利百倍。」**

舉例來說，當你趁著繁花盛開的季節在山中騎車漫遊，前方馬路中間突然出現違規遊客，害你差點撞到他。這時由於我們具有「他違規」的知識，心中就會覺得這是他的錯，這知識不僅會導致憤怒，還可能罵人或亂按喇叭，說不定還會導致更嚴重的衝突。而且事後也不會減速，因為自己沒有錯。但如果沒有這個知識，心裡會想，好險沒撞到人，事後會減速，因為說不定前面還有類似的遊客。所以，有時知識反而是壞事。當然，智慧的提升，可以避免這種知識的壞處。

第二，雖然各種知識對生活很有用，可以追尋幸福人生。但如果有人不想以追求更美好幸福的人生為其生命目的，我們也沒有什麼理由告訴他人非要如此不可。因為，目前我們並沒有關於人生意義的確定結論。但這並不是說，什麼樣的人生都一樣。當我們沒有確定的解答時，需要透過更高明的思考能力，尋找相對最合理的解答。對每一個人來說，什麼樣的人生最適合自己、最值得追求？都應該去思考它，並且實踐它。然而，在還沒想清楚之前，可以先聽聽經驗豐富的長者建議，走錯路的風險相對較低。

跟著哲學家思考：絕聖棄智，民利百倍

此段話出於老子所著的《道德經》第十九章。大意是說：「不刻意標榜聖人和智者將對社會有莫大的好處。」道家思想常常從不同面向思考，因而看見事物的反面。以現在社會為例，常常鼓吹讓座美德，容易讓人誤以為讓座是理所當然的，當看見有人沒讓座時，就會譴責他人，製造更大的衝突，反而更糟。也就是說，一個原本希望讓社會更好的策略，在缺乏道家反思的智慧時，便有可能本末倒置，得不償失。

當然，這並不表示不鼓吹讓座就一定更好，而是當我們藉助道家思想看見其反面後，需要運用智慧，重新思考其他更妥善的辦法。尤其在學習各種知識後，不要一昧的將這些知識當作不可改變的行事法則，了解各種規則背後的目的，懂得變通之道，思想才不容易被知識框住，以防本末倒置的後果。

15

年金改革，誰是正義的一方？

對於屬於政府單位的軍、公、教來說，辛苦了大半輩子，退休後還可以繼續領相當優渥的薪水，直到壽命終了，讓整個老年過程有著物質生活不虞匱乏的保障，這真是一個不錯的年金制度。也因為如此，許多人努力爭取這樣的工作。但是，人們的壽命越來越長，領年金的人越來越多，導致政府每年的總支出花費在年金的比例越來越高，甚至有了財務危機，這該怎麼辦呢？

臺灣的年金改革

當臺灣年金改革法案終於在立法院三讀通過，許多領年金的人感到自己被莫名其妙的減薪了，因此憤恨不已；許多沒領年金的人，對於政府財政更健全以及有更多金錢可以用於全民而感到快樂。所以，有人說，這是政府與全體人民的勝利，也是遲來的正義。但也有人認為，這是一個不公不義的政策，政府單方面撕毀年金契約。那麼，我們究竟該如何看待這項改革呢？

社會上有相當多人判斷正義與否的真實原因是來自於個人得失。權益受到影響的人較傾向於反對，而不受影響的人，實際上也就是國庫省錢後的獲益者，較傾向支持。雖然藉由個人得失作為衡量標準，屬於大多數人習慣的思考方式，但卻不符合正義的思考。正義思考的最重要因素之一，是必須先跳脫個人，從更客觀的角度來省思。

如何思考才符合正義？

有人主張，這項政策是符合多數民意的，所以，它是一項正義的政策。雖然沒有正式統計，但以一般輿情來估算，支持者應該真的比較多。但人數多就符合正義嗎？其實未必。舉一個簡單的例子來說，如果政府訂立一個新的措施，「所有年收入高出百萬的人，不僅需要繼續交健保費，看病還需自費，而且省下的大筆預算，都將用在照顧弱勢上。」這項政策大概也會獲得多數人的支持，但這明顯會被歸類為不公平的政策，因為，一樣交健保費，為何看病還要自費？依據正義理論大師**羅爾斯**的定義：**「正義即公平」**（Justice as fairness）。不公平，就是不正義。

正義思考的最基本條件就是必須跳脫個人利益的思考，先忽視個人的各種屬性，忽視任何方案是否會對自己造成損害或是得利。單純以找出客觀上最公平的方案為目標，這也就是羅爾斯主張的**「無知之幕」**的思考方式。

反對年金改革的理由

基於正義，反對年金改革者，提出一個還不錯的理由：「原本的年金制度等於是政府與民眾簽下的契約，政府擅自修法改契約，雖不違法，但卻是一項不公不義的舉動。」尤其如果把這個政策的背後動機解讀成為了懲罰多數為支持政敵的一群人，就會讓人更生氣了。

舉例來說，一家公司本來說好要給每個退休員工一百萬退休金，但到後來卻推說公司賺不夠錢，或是退休基金不足，因此將一百萬減為六十萬，這樣的作法適當嗎？很顯然的，這是一個言而無信的行為，這樣的作法自然不會屬於公平正義的作法。

以一個簡單的實例來說，有許多學者在國外有很好的工作，但看在臺灣有相當不錯的退休制度下，才決定回到臺灣。對這些人來說，退休後或是正要退休前才被告知，「抱歉！退休制度改了！」這樣的作法對這些人而言怎麼可能會公平呢？

但也有人反駁說，「那是因為再不改革，年金帳戶就要破產了，到時大家通通都沒有，不是更糟？這也是無可奈何的事啊！」這個說法聽起來合理，但卻大有問題。舉例來說，目前臺灣健保實際上無法自給自足，靠的是政府想辦法負擔的額外費用。我們是否應該說，「糟糕！健保基金要破產了，醫生減薪吧！否則等到破產什麼都沒有了！」不會的，因為這也是不公平、不正義的作法。全民享用的健保錢坑為何要醫生獨自扛下呢？年金破產，為何不是政府補貼，而是領年金的人要負責呢？

思考到了這裡，或許有人會覺得，年金改革是違背正義的政策。

支持年金改革的理由

然而，整個問題的核心卻也在此浮上檯面。問題關鍵點在於，如果當初制定的年金制度，就是一個過於優惠某些特定職業與族群的不公平制度，而且制定這個制度的人，也正好就是這個制度的受益者，也因此被認為有可能是一種自肥條款。那現在改回來，的確可以算是一種遲來的正義。而這樣的修正，雖然的確會有被牽連到的受害者，但整體而言，也可以算是一種回歸正義、或甚至是**「轉型正義」**的作法。

然而，最大的問題卻也在此，原本的年金制度，雖然看起來的確像是過度優渥，但即使如此，它真的可以算是一項不公義的制度嗎？這其實不能只靠「看起來」做判斷，而必須有更深入的研究來判斷。

但無論是或不是，還有另一個值得思考的問題，由於人民的壽命越來越長，年金制度已經和訂定時的條件不同，當目前享有年金福利的上個世代獲得過多政府福利時，將會自然壓縮下個世代的所得，這就可能會造成對下一代不公平的「世代正義」的問題。導致大多數資源都被已退休老人佔有，年輕人想要出頭更加困難。政府想推動任何有利青年的政策也相對減少可運用的資金。這也是支持年金改革的好理由。

也就是說，問題爭議的核心點大都不是簡單的問題，需要深思，不易獲得一個簡單的結論。但在整個社會輿論中，爭議卻往往失焦。當人們非常篤定支持某個主張時，大多屬於個人利益或立場導向的思考，缺乏理性的運作。

跟著哲學家思考：轉型正義與世代正義

「轉型正義」主要是針對從威權時代進入民主時代後，修正過去所違背的正義。像是彌補威權下的受害者、恢復捍衛人權者的名譽、以及修改過去不公義的制度。如果年金制度被認為屬於不公義的制度，那麼，即使改革會讓政府失信於人，還是有執行的合理性。

「世代正義」則是談論不同世代的資源分配不公的問題。目前看起來的確有世代正義的問題。因為就算現階段年金政策不變，對於即將進入職場的軍公教來說，年金政策也到了必須改變的地步。但反對年金改革者，很少有反對未來年金改革的。是否事不關己，就缺乏反對動能了呢？這就很難判定屬於一種正義的思考了。

然而，即使有這些問題，是不是一定要修改，其實也是有爭議的。因為，這僅是從「正義」的角度思考，如果從「後果」的角度思考，究竟改或不改，對臺灣整體發展較好，也是一個必須考慮的問題。

16

社會無形的枷鎖侷限著人們的觀念

許多觀念可以用來維繫社會，讓人們的行為有所依循。但是，當這些觀念被當成理所當然的規則時，就有可能形成思考的枷鎖而帶來壞處。舉例來說，社會鼓吹父母應該多關心小孩，歌頌那些為了小孩而犧牲享受的父母。這些故事可以讓為人父母者作為榜樣。但是，這些觀念也會變成小孩用來檢視父母的標準，只要父母沒有滿足小孩所有需求，還偶爾享受生活，就可能被認定不夠盡責。尤其將父母的犧牲視為理所當然後，思路便容易陷溺，完全沒有意識到這些情緒，源自於被監禁的思考。

五歲裸女事件

這種在社會上被視為理所當然而製造的侷限思考，最明顯的例子就是身體裸露所形成的禁忌。這種禁忌的原本功效可能在於防止過度裸露所導致的不當誘惑，進而產生更多的犯罪。但當我們將之視為理所當然，便容易忘掉原本的目的，而將其視為必須遵守的規則。而當其成為規則之後，就容易背離原始目的。

有一天，在人來人往的臺北車站，赫然出現一位五歲的裸體女童，路人見狀後，要求家長讓她穿上衣服。因為路人認為裸露是不當的，也不管這個案例本身究竟何處不當，單純套用規則思考而得出結論，並付諸行動。

然而，家長表明因為女童覺得熱，脫光光很開心，想順從女童的個人意願。

但路人仍覺得不妥，堅持應該穿上衣服。於是引發爭端。當我們從「觀念遭受侷限」的角度思考，就容易發現這個爭議的源頭了。

裸體與文明的衝突

在這整個事件中，我們可以想到的第一個問題是，在臺北車站這種高度文明建築的場域裡，出現一個裸體女童，的確有種強烈的違和感。當這樣的感覺升起時，我們很容易覺得不對勁。但問題在哪裡呢？

最簡單的思考，就是想像女童穿上了衣服，如此一來，違和感就消失了。所以，多數人的第一個直覺，就是套用「不可在公共場所裸體的規則」而得出「該女童不該在這裡裸體」。然而，如果我們有反思能力，稍微再深入想一下，女童與家長是否擁有這樣的個人自由？雖然看起來怪怪的，但一定不行嗎？如果我們依據**自由主義**法則思考，**「在不影響他人的情況下，尊重人們的最大自由。」**那麼，我們會感到疑惑，這個行為礙著誰了呢？

讓我們把背景轉換一下，仍舊是一樣的車水馬龍，但把所有現代建築換成山水世界，一個裸體女童，在山野間開心亂跑。在這個畫面裡，違和感便消失了，換來的，是純樸與自然。所以，問題的核心，並不在於人來人往的社會，而在於現代文明所帶來的整體觀感。

傅柯的圓形監獄理論

文明的建立，也同時帶來心靈的枷鎖，人心如同被關進哲學家**傅柯**(Michel Foucault, 1926–1984)所說的**圓形監獄**裡，受到四面八方看不見的眼光所監視，我們必須做該做的、吃該吃的、穿該穿的、以及說該說的。而不是在不影響他人自由的前提下，盡情活出屬於自己的生命：做想做的、吃想吃的、穿想穿的、以及說想說的。

文明攜帶著許多讓社會更和諧的觀念，但這些觀念也同時帶來思想的侷限，讓人們不自覺地被監管，失去揮灑個人情感的空間。在群體中，似乎有隻看不見的權力之手，讓眾人也自動成了監督他人的志工，執行監獄看守員的職責，把所有人都關進圓形監獄裡。每一個人毫不自覺地身兼看守員與犯人的角色。

身體裸露的禁忌

尤其針對暴露身體的禁忌最容易看清這種思考的侷限性。越是傳統與保守的社會，對此接受度越低，也越容易用異樣眼光看待。在全球各地的發展中，我們也可以發現，越是精神文明高度發展的地區，就越少的裸露禁忌，也越少的異樣眼光。臺灣少女的穿著，在某些國家是不可饒恕的犯罪行為；而西方盛行的天體海灘，在臺灣則是傷風敗俗。若想享受無拘束的天體樂趣，必須躲回自己的小窩，在無人的世界裡，身體才不再是一種羞恥。

保留文明、掙脫侷限的智慧

想掙脫這個靈魂的牢籠並不容易，需要集體智慧的提升，跨越簡單價值思考的障礙，針對每一項價值判斷，重新反思，對於不必要的過時觀念，收回監督的視線，賦予他人更大的自由空間，讓智慧在人群中發酵出新的運轉力量，打破已經成形的監獄型態，讓靈魂回歸真心、真情、自然、以及更自由的世界。

然而，困難的地方在於，我們要做的，並不只是簡單的摧毀這股力量，因為它仍有其價值，讓人有所約束，不任意妄為，這也是一個社會要保持文明所必須擁有的一股力量。例如，排隊是一種文明，大家互相約束，就不用爭先恐後，製造混亂。然而，遇到很趕時間的人、或是遇到沒有排隊習慣的長者想插隊時，該用什麼樣的角度思考與回應呢？

當我們越是陷入一個觀念裡，就越難掙脫尋找一個更有智慧的作法。我們要做的，是要將各種導致文明的觀念調整到一個更適當的位置，但這需要高度反思能力的調節，才能順應各種不同的處境。

跟著哲學家思考：圓形監獄理論

傅柯在其著作《規訓與懲罰：監獄的誕生》，談到一種時刻感受到監視的心理狀態，就像在圓形監獄裡的犯人，透過反光玻璃，從裡面看不到外面，從外面卻可以看穿裡面。即使沒人監看，犯人也一樣感覺正在被監視。傅柯認為，現代資本主義時代，人的身體雖然擁有免於傷害的自由，但靈魂卻像在監獄中受到各種社會力量的監禁。就像在搭乘捷運時，只剩一個博愛座位。如果你選擇坐下，無論是否有人真的注意到你，都會感到一股壓迫感，這壓迫感就來自於這種圓形監獄的效應。而事實上，在我們的生活中，只要有他人存在，就避免不了這種圓形監獄的壓迫感，除非社會上大多數人，都已經成為尊重文明秩序，也同時尊重他人最大自由的文明典範。

17

斷章取義的訊息陷阱

有一天上課時，我跟同學說，「人生中最需要培養的兩樣東西，一是德性、二是智慧。」當我說到「兩樣東西」時，手心向內比出了像是勝利的「二」的手勢，說到第一樣東西「德性」時，把食指收了回來，說完第二樣東西「智慧」時，再把中指收回來。整個談話過程與手勢其實還滿配合的，感覺上沒有什麼問題。但是，某個瞬間畫面在某個學生眼中停格，他說，「老師，你剛剛講到德性時，在比中指耶！」的確，在我講到德性的瞬間，收回食指，那時的手勢的確就是比中指。如果那一秒鐘的畫面被擷取，單獨播放，就會看到一個大學教授在課堂上邊講德性邊比中指。如果這樣的畫面被放到網路上，不知會掀起什麼樣的風波。

再怎麼有想像力的人，大概都很難從那一秒鐘的畫面猜出原本的內容。所以，單看這一秒鐘影片的人，如果沒有足夠的懷疑心，如何能夠反思裡面可能的問題呢？

外省籍當總統是臺灣人的福氣

有一年總統大選，媒體一窩蜂報導代表國民黨參選的馬英九先生說的一番話：「外省人當總統是臺灣人民的福氣。」這句話引來許多人的反感，網路上罵聲不斷，甚至連原本支持他的泛藍選民也紛紛表達難以認同。

然而，抱持懷疑態度，尋找原本的講話脈絡，原來他的說法是：「外省人當總統表示臺灣不再有省籍情結，這是臺灣人民的福氣。」被斷章取義後，意思差距很大。而且可笑的是，後來仔細分析，發現這樣的斷章取義可能並不是源自於故意醜化的動機，而只是源自於輕率解讀的誤解。而且多數媒體也在未經查證的情況下跟風報導，甚至當時連偏藍媒體也一樣這樣報。在這種情況下，更容易讓人誤信假象。

川普餵魚風波

另一個著名的案例，是當美國總統川普前往日本與首相安倍會面時，在兩人一同餵魚的活動中，他將一整盒魚飼料全部倒入池中，這一瞬間的畫面被媒體拍到。由於這並非適當的餵魚方式，所以引來各種批評聲浪，認為他行為隨便、沒有禮貌。

但是，還原事件的脈絡，原來在他之前，日本首相安倍率先做了一樣的事情，也就是說，他只是跟著主人這麼做罷了！雖然說，這一樣是不適當的餵魚方式，但「跟著主人一起做」，卻是一個更符合禮節的作法。反過來說，當安倍把整盒飼料丟進去之後，如果他還是堅持用正確的方法，一點一點慢慢餵，反而會更凸顯主人的不當行為而讓人感到難堪。如果我們從另一個角度思考，假設他知道這樣餵魚不好，也知道其實偶爾這麼做並沒什麼大影響，而且假設他真的是為了不讓安倍落入困窘的局面而跟著做。這樣的心思，不僅不是無禮，反而是一種窩心又不拘小節的智慧。

刻意斷章取義的動機

訊息是否包含前後脈絡，會讓人產生完全不同的解讀。但是，這種片面資訊卻很可能不是意外。在我們的日常生活中，有強烈立場的媒體常刻意餵養群眾這類斷章取義的畫面，甚至造假的言論，藉以醜化政敵，或是獲取利益。

在具有言論自由的資本主義社會裡，媒體為了追求利益而生存，需要取悅特定立場讀者，以及接受特定來源資金而刻意製造讓群眾與金主滿意的新聞。雖說，這缺乏新聞道德，應該接受譴責，但在整體大環境改變之前，我們也很難改變這種媒體生態。所以，在這種充滿陷阱與錯誤資訊的時代裡，人們也只能自求多福，不要因為個人喜好而輕信報導，嘗試提升自己的思考力，避免被虛假訊息所矇騙。因為錯誤的東西，遲早會帶來害處。

培養懷疑精神防止遭受愚弄

要提升這種屬於這個時代每個人都該具備的能力，可以從哲學家**笛卡兒**所提倡的**「懷疑精神」**開始，針對日常生活中的訊息，不要習慣直接相信，而是在相信之前，先以懷疑的態度至少過濾一下。

無論是報章媒體，或是各種傳言，只要有一點點不合理、荒謬、奇怪，都先以一種懷疑的態度面對，懷疑的方法是自問：**「真的是這樣嗎？」**並試著思考「不是這樣」的可能假設。然而，對於看起來很正常、一點也不奇怪的事情，也可以為了培養懷疑精神，在不影響日常生活與人際關係的情況下，試著找找看有沒有任何值得懷疑的地方。

事實上，笛卡兒在其著作《哲學原理》（*Les Principes de la philosophie*）的一開頭就說：「為了追求真理，在人的一生中，應該把所有事物都懷疑過一遍。」

笛卡兒之所以會這麼強調懷疑的重要性，是因為他發現一項可怕的事實：「當我們做出錯誤判斷時，如果再重來一次，有很高的機會將再次做出錯誤判

斷而不自知。」因此，下次犯錯時，我們很可能還是不知道自己犯錯。要改變這種情況，至少要用比上一次更慎重的態度面對問題。而「懷疑」就是慎重的開始。有了這道知識的防火牆，才能讓我們在這個虛假充斥的時代裡，盡可能避免有害資訊所造成的不必要損失。

跟著哲學家思考：我思故我在

增強懷疑力，養成懷疑精神，也只是讓我們減少錯誤判斷而已。笛卡兒認為，若想完全避免，必須從根本重新建構知識體系。因此，笛卡兒試著先懷疑所有一切，然後尋找是否有什麼知識不能被懷疑？最後，他發現「我正在懷疑」（「我思」）這件事情是不能被懷疑的。因此，他最後發現，「懷疑者（思考主體）的存在」（「我在」）是整個知識的最基礎。這也就是「我思故我在」的由來。接下去，如果我們可以從這個絕對不會錯的最基礎知識出發，重建整個知識體系，就有機會發展出不會錯的知識。

18

颱風天叫外賣的是是非非？

有些行為本身沒有什麼不好，但卻有可能帶來不當的後果。就像颱風來襲時，網路上總會有人呼籲「不要叫外賣」，理由是「不要害人冒險送貨。」甚至也有人希望政府可以立法禁止颱風天的外賣服務，以免無良老闆不顧員工死活。這聽起來確實滿有道理的，讓我們仔細想想是否真該如此？

單向思考的障礙

首先，人們在看問題時，常有「單向思考」的習慣，只看一面而忽視另一面。例如，支持某個政策的，通常只看支持的理由，而反對者也只談另一面，這就容易導致「公說公有理、婆說婆有理」的局面。在這種情況下，任何問題都無法獲得有效的溝通。

例如，主張廢除死刑的眼光往往只聚焦在死刑的各種缺點；而反對廢除死刑的也總是只看死刑的優點。這些都屬於單向思考。而在選舉場合上，候選人也總是批評對手的缺點而完全忽略其優點，雖說這是為了勝選的作法，但也一樣讓人覺得這些候選人陷入單向思考而不自覺。在這種情況下，我們可以放心把社會政策的決定權交給他們嗎？

思考時必須擺脫個人喜好、跳脫個人立場，將正反面理由都找出來，尋找最合理的一方。否則，任何政策都有優缺點，如果只看一面，任何主張都會「看起來很有道理」。因此，光是「看起來很有道理」不能作為支持的理由，每個人都應養成一個主動去思考「反面是什麼」的習慣，才能找到一個更客觀、更合理的論述。那麼，我們來思考這個「颱風天不要叫外賣」的反面論述為何？

颱風天可以叫外賣的好處

外賣服務不僅僅「沒有什麼不好」，它其實有相當大的好處。哲學經常會碰見類似的問題，當某個行為是好的，但卻有可能導致不良後果時，該怎麼辦呢？要做還是不做？

外賣服務主要的好處當然就是提供人們生活上的便利，尤其颱風天助益更大。然而，颱風來襲前應有防颱準備工作，這其中自然包括準備好食物。如果自己沒好好準備，卻要他人冒險提供，的確有道德上的問題。但是，如果有人因為太忙而來不及準備、或是在外租屋不方便準備，以及如果颱風臨時轉向登陸，或是風雨比預報還要更大、更久，也有可能會有食物不足的情況發生，這時該怎麼辦呢？

如果不叫外賣，自己出門買食物一樣也很危險？如果外賣機構可以提供員工更安全的運送車輛，是不是更能防止意外的發生？尤其如果是老弱、殘疾者獨自在家時，又該怎麼辦？忍受飢餓直到颱風警報解除嗎？

如果可以叫外賣，自然能解決這些問題。也就是說，颱風天的外賣服務其實是有其價值的。當然，如果外賣機構並沒有提供安全的交通工具給外送人員，自己不願冒險而要別人冒險，感覺上也不太道德。那麼，除了直接禁止「颱風天外賣服務」之外，是否有更好的應變對策呢？

颱風天生病了可以叫計程車嗎？

讓我們先想想看，如果颱風天玻璃窗破裂，是否可以打電話請修窗師傅協助？如果有緊急事件要外出，是否可以打電話叫計程車？這兩個問題基本上我們都傾向於認為可以接受。因為颱風有大有小，修窗師傅與計程車司機都可以自行衡量自己的交通工具以及個人危險程度而決定是否接下工作。

但外送員似乎有可能被老闆強迫而無奈冒險。所以，問題根源並不是出在外賣服務，而在於無良老闆。如果要立法，不是禁止外賣，而是防範老闆罔顧員工安全。一旦有法律保障，我們自然可以放心叫外賣，因為如果送達地點過於危險，或是外賣機構無法提供足夠安全的運送方式，外賣也會暫停。就像強颱過境時，打電話找修窗師傅或計程車司機，大多會被拒絕一樣。

所以，直接主張停止外賣服務其實是個單向思考的輕率主張，只想到把外賣的危險去除，而沒有考慮到保留外賣的優點。當我們能夠從各種優缺點去思考，即使無法得出一個完美的策略，只要能找出一種最面面俱到的方案，就是智慧的處事方法。

在最佳政策提出之前該怎麼做？

然而，目前尚無適當法律規範，外賣員仍舊可能被老闆強迫在颱風天冒險，在這種情況下，我們又該怎麼做呢？我的建議是，如果真的很需要又無法親自到附近購買食物時，也只能衡量危險程度，如果風雨還不算太大，盡量找住家附近的外賣，因為距離近、而且風雨的強度相近，比較容易做出正確的評估，至少安全性較高。而且，希望對方能夠自行衡量危險程度，選擇較安全的運送方式。

但即使如此，的確仍有可能因誤判而導致不幸，為了避免這種情況，最好的作法自然還是盡量多準備一些餅乾之類的食品，至少可以先應急，以防因為自己的疏忽，讓他人陷於危險之中。而必要食物之外的外賣服務，像是飲料之類的，那就真的應該要盡量避免了。但若政府立法禁止颱風天外賣，明顯就管太多了，因為即使有風有雨，某些地段的外賣服務還是很安全的。

跟著哲學家思考：單向思考

只從單一面向論述的推理是一種似是而非的思考謬誤。舉例來說，有一天某個學生在做報告時，提出麥當勞有益社會的十大理由，但完全不從反面思考，然後主張麥當勞有益社會。無論這個結論是否正確，這樣的推理方式都是不當的。就像支持某些政黨的人總是只看到該政黨的好處，反之亦然。這種錯誤推理形式大概是最容易在生活中發現的不當思考型態。但由於其沒有一個容易記憶又普及的名稱，為了討論方便，我常將這類謬誤直接稱之為「麥當勞謬誤」。

事實上，單向推理是人的思考本能。而且我們實際上也不太可能可以在一開始就考慮多個面向。但要記住的是，當思考完一個面向之後，必須做反向思考，也就是從反面做單向思考，以及更進一步從不同角度做單向思考。當各種面向都思考過後，就比較容易評估哪一條思路的合理性最高。整體來說，就可以跳脫單向思考的侷限。

19 高分—名校—高薪，三部曲的迷思

成績代表著學習成效，所以成績好，就代表學得好。學得好就代表能力強，能力強就容易找到好的工作。所以，家長們重視小孩的成績也是很正常的事情。但問題是，這一切都非絕對。

學生考試成績很差的學校要念嗎？

學測放榜，有所高中全校無人超過四十級分，引起群眾譁然，媒體爭相報

導，好像是件很不得了的事情。彷彿這所學校教學績效很差，學生未來都將面臨失敗的命運。然而，真是如此嗎？

其實，如果有個學校的某個班級，「全班」無人超過四十級分，應該不會引起什麼注意，也上不了新聞版面。而單位改成「全校」，便引人側目。但問題在於，這所高中不過二十多人參加學測，人數甚至比大多數學校的一個班級還少。也就是說，這種譁然，來自於非理性的情緒反應，要從這個考試結果來論斷任何事情，都言之過早。

然而，更重要的問題在於，就算全校很多人都成績不好，有什麼好議論的嗎？基本上，會有這種考試結果，依據臺灣目前現況，最大的可能性並不是學校老師太混或是教學方法失當，而在於學生們對於學測科目不感興趣，無心在此。真正需要檢討的，或許是我們制式的教學內容，強迫學子們消耗寶貴的青春歲月，學習一些並不符合其需求，以及不知為何而學的科目。也就是說，這個結果頂多表示學生在這些科目學習成效不佳、能力不足，但是未來將會如何，卻無法由此判斷，因為，決定未來的因素很多，這些科目僅僅是其中相對較小的因素。

高分－名校－高薪三部曲

然而，這樣的考試結果，自然會引起多數家長的恐慌。不敢再把學生送到這所學校。主要在於，當今社會有著「高分－名校－高薪三部曲」的觀念。考試考高分進入名校、名校畢業後獲取高薪工作，於是成為人生勝利組。

家長關心小孩，希望未來前程似錦。這心思當然沒有問題。雖然名校畢業未必就能獲取高薪，但從社會觀察來看，機率確實較高。而且，高薪工作通常也較有成就感，在心靈與物質上都有所得，的確值得追求。然而，這裡卻藏有兩項迷思。

成功操之在己

第一，決定高薪的真正因素，是學校、還是個人？我們可以試著做一個「思想實驗」，把目前即將進入臺大的學生和即將進入某些不被看好的大學學生對調。二十年後，哪一批人高薪比例會比較高？雖然，我們不能否認老師、教學設備、以及校風對人的影響，但是，我相信最後會勝出的，還是原本準備進入臺大就讀的那批人。因為，決定一個人未來的主因，並不是讀了什麼學校，獲得多少幫助，而是他的企圖心、毅力以及其他更重要的內在屬性。是因為這些因素，讓他們進入名校，甚至在未來獲得成功，並不是因為他們進入名校才能成功。所以，如果缺乏這些內在屬性，學校也未能提升這些屬性，那麼，就算勉強進入名校就讀，也是枉然。

所以，就算以未來事業成功與高薪為目標，在選擇高中時，與其把目光放在學校升學率，倒不如專注在這所高中是否能夠培養學生的企圖心、毅力、以及其他重要的內在屬性。

高薪並非幸福的保證

第二個迷思在於，高薪、事業成功、成為人生勝利組，未必可以擁有幸福人生。

家長們希望小孩未來過得好，獲得幸福，所以希望他們成為人生勝利組。但這條路卻不能保證幸福。從社會觀察就可以看清這個迷思，許多事業成功人士生活並不快樂，相反的，許多事業平庸，過著小康生活的大眾，雖然沒有錦衣玉食，但卻幸福活著。如果一定要在這兩者之間做選擇，要選哪一個？

當然，最理想的狀態是事業成功加上生活幸福，兩者並不衝突。所以追逐高薪與成功是一件好事，問題在於，既然高薪並不保證幸福，如果在追求的過程中，必須捨棄幸福，那就本末倒置了。就像有人捨棄健康，過勞努力想追求升官；有人忽視家庭與朋友全心投入工作；或是有人以不當手段企圖獲得更高的地位與利益。這些作法基本上都屬於拋開幸福追求成功的荒謬人生。當然，如果目的真的就只是想獲得成功，願意捨棄一切，那倒是沒有問題。但如果想要成功的目的是為了追求幸福人生，這就本末倒置了。

幸福來自於可以孕育幸福的心靈素養

要獲得幸福人生，需要先培養許多能夠製造幸福的內在素養，像是反思能力、包容心、處事智慧、勤勞、勇敢。如果一個名校無法培養學生這些素養，那麼，即使真能成為人生勝利組，卻活得不快樂，又有何意義呢？

這些迷思，容易讓大多數的家長、以及學子們誤判人生方向。但這其實事關重大，如果沒有即時回頭省思，只是一味跟隨非理性的社會潮流，誤以為潮流必然導向正確的方向，將會錯失尋求美好人生的良機。

跟著哲學家思考：思想實驗

思想實驗是用想像的方式做實驗。這種實驗的可信度當然沒有真實實驗來得好。但從理智的合理性角度來說，也能提供相當程度的可信度。科學家（像是愛因斯坦）有時也會用類似的方式思考問題。

舉例來說，哲學家諾齊克(Robert Nozick, 1938–2002)用一個思想實驗主張「快樂並非人生的意義。」因為如果人們可以選擇進入一個像是電腦虛擬世界的經驗機器中再也不出來，即使裡面充滿著快樂，大多數人還是寧可選擇不完美的現實生活。於是他認為，在我們的內心中，深藏著比快樂更重要的事情。但實際上，我們並沒有這樣的機器，也很難判斷如果真有這樣的機器，是不是真的大多數人都不願意進去。但從想像來說，似乎真是如此，那麼這思想實驗就提供了相當程度的可信度了。

20 娃娃機熱潮的省思

每隔一段時間，娃娃機熱潮總會再次出現。這表示它真的很吸引人，不受世代變遷的影響。然而，這流行背後的源由究竟是什麼呢？

娃娃機的主要魅力不是娃娃

要回答這個問題，第一個直覺反應是，「各式各樣的絨毛娃娃很可愛，而且無論何時總會有正在流行的造型出現，吸引人們獲取的慾望。」這自然是個很重要的理由，但是，若想要獲得這些絨毛玩具，直接購買就好了，何必這麼麻煩用夾的呢？而且有經驗的人都知道，想從娃娃機裡獲得，代價更高。尤其現代網路發達，容易找到更便宜的價格，何必浪費？

另外，如果去絨毛玩具的專賣店觀察，除了父母買給小孩之外，女性大多是買自己喜歡的，而男性大多是買來送給女友。也就是說，喜歡絨毛娃娃的顯然以女性和小孩居多，但喜歡夾娃娃的，卻以成年男性較多。這種現象顯示存在有比獲得絨毛玩具本身更重要的理由在主導著夾娃娃的流行文化。

娃娃機滿足捕獲獵物的快感

探討這個流行背後的推手，可以從心理層面來看。男女夾娃娃的動機有些差異。女性偏向以獲得獵物為目的，所以只會針對自己喜歡的下手。男性則比較偏向抓到獵物的快感，所以，即使並不喜歡，只要有機可趁，一樣有出手的衝動。所以，夾不到時，女性較容易放棄，不想繼續浪費錢。但男性通常比較願意繼續努力，不夾到誓不甘休。

這樣的心態，可能源自於人類在遠古狩獵時代的演化印記。從**達爾文**(**Charles R. Darwin, 1809–1882**)的演化理論來說，具有「捕獲獵物帶回家給妻小而在心理上感到快樂」這種基因的古代男性，應該屬於天擇上的生存優勢，較能保護好攜帶著自己基因的後代，並讓此基因通過各種環境考驗而留存下來，以致於現代男性大多具有這種基因。於是，娃娃機扮演了狩獵場的角色，當被抓住的獵物掉落洞口的瞬間，獵人滿足了狩獵的快感。即使自己對獵物不感興趣，也會想要獵捕後帶回家標榜自己的能力。

雖然女性自己夾喜歡的絨毛娃娃時，比較容易因為不想浪費錢而放棄，但如果身旁的男性努力夾給她們時，即使在一直夾不到的情況下也會感到浪費，但卻不一定會去阻止，因為女性同時也可能具備狩獵時代留下的演化印記，「等待男性捉取獵物回家而感到滿足的期待」，這樣的期待，對當時的女性來說，很可能也是一種生存的優勢，於是基因也保留下來，並且遺傳到現代女性身上。

所以，娃娃機旁最常見的畫面，就是男性很努力的夾取身邊女性指定的絨毛娃娃，當成功獲取時，上演的不就是上古時代男性展現獵人自信將獵物交給充滿笑容女性的畫面嗎？

娃娃機與虛擬遊戲的差異

想要滿足捕獲獵物的快感，也不一定要藉助娃娃機。許多虛擬遊戲都可以滿足這種內心的期待。其中最有真實感的，大概是曾經成為全民運動，一窩蜂捕抓寶可夢的遊戲。這個遊戲的真實感在於人們不能只守在電腦前面，必須像真實打獵一般走出戶外，透過虛擬畫面，到公園、河邊、山區等地方捕抓。和真實打獵的類似性越高，就越容易獲得滿足感。

然而，抓寶可夢不管抓多少，都只有虛擬畫面，摸不著而缺乏真實感。娃娃機和各種電子遊戲最大的不同點在於可以獲得實體獵物，並親手將之轉交他人。真實感上自然略勝一籌。也無怪乎娃娃機的流行可以跨越世代而不消退。

娃娃機的兩爪時代

娃娃機的出現其實已經有相當長的時間，和其他電子遊戲機的出現時間差不多，在臺灣大約是上個世紀的七〇年代開始普及，機臺大小和現在流行的類似，爪子屬於三爪結構。但當時絨毛玩具並不流行，所以裡面放的東西大多屬於糖果、零食之類的，因此當時自然也不叫做「娃娃機」。

大約到了九〇年代，日本生產出一種兩爪的娃娃機，體積比三爪機大得多，看起來很豪華，當時也在臺灣引發大流行，連帶廠商大量生產各種絨毛玩具。兩爪娃娃機看起來比三爪困難，實際上在沒有技巧的情況下，想抓取獵物也的確很困難。因為娃娃抓起後很容易失去平衡向兩邊跌落。但想藉由這種機器獲取獵物，技巧可佔到百分之九十以上，運氣只佔不到百分之十。雖然很難靠運氣獲得，但卻很容易靠技巧抓取。

機器的運作方式是夾（抱）的力道低，但提的力道強。所以，只要想辦法能夠平衡抱住了，通常就不會掉。一旦學會了這種如何找到平衡點，以及讓爪子牢牢抱住的技巧，對於行家來說，夾起娃娃是非常簡單的事情。所以，隨著流行時間的延續，學成的高手越來越多，高手多了，老闆就要虧本了。因此，一段時間過後，這種娃娃機專門店就一間間的收起來了。

三爪時代的蛻變

兩爪之後，娃娃機並沒有就此銷聲匿跡，而是恢復成三爪時代。三爪機器所需的技巧大約剩不到百分之十。所以，對於當時的兩爪高手來說，大多對三爪機不感興趣，因為能用的技巧相當有限，也不可能會再有那種連續出手而不空回的狩獵快感。

但在三爪的新時代來臨時，有了一點小變化。只要投進固定金額，爪子的抓力會變強，而且可以不用再投幣，直到抓中為止，不用再經歷那種想要又永遠夾不到的痛苦。對於想要捕獲獵物的人來說，至少可以事先知道最多花多少錢就可以得到，雖然通常會比直接購買的市價高一些，但可以當作是花多點錢的狩獵娛樂遊戲。

然而，在兩爪盛況二十年後的現代，又再度引發一波大流行。一間間專門店紛紛成立。背後的因素或許很多，但有一個變化可能是最主要的因素，就是「玩家可以站在別人努力的基礎上獲得成果。」

雖然投入固定金額後，可以保證獲得。但如果沒有投到該金額就放棄，原本的設定是在短時間內（從三十秒到數分鐘內）便會歸零。下一個玩家便要重新開始累積金額。但是，新機臺做了改變，金額可以累計一段很長的時間（半小時以上甚至永不歸零）。也就是說，這變成像是一個接力賽，如果他人在此機臺已經花費許多，那麼，下一位玩家只要補足金額，就可以獲得獵物。這自然也吸引著許多人想要獲得這種合法「佔人便宜」的機會。如果不希望自己的努力也成為他人的成果（不想被佔便宜），就必須多花錢到夾中為止。這種新的設定，緊緊扣住人們的心理弱點，讓娃娃機臺的收入增加，自然也就吸引了許多投資者大開專門店了。

然而，這一波流行究竟可以持續多久呢？現在投資還來得及嗎？我認為主要變因還在於絨毛玩具廠商能否持續推出具有吸引力的獵物。無論如何，至少這一波流行不會像兩爪時代一樣，由於高手眾多而熄燈歇業。

跟著哲學家思考：演化理論

以達爾文為主流的演化理論主張，主導物種演化的機制有兩個：突變與天擇。突變會產出各種可能性，而藉由天擇篩選出最具生存優勢的物種與各種特徵。舉例來說，「為何人們比較喜歡甜味而不喜歡苦味呢？」在最初上古時代的突變中，我們可以想像同時出現喜歡苦味和喜歡甜味的人，由於野外有毒植物常常具有苦味，於是喜歡苦味的人容易中毒而死，這樣的基因就不容易留存下來，而喜歡甜味的傾向於去吃成熟的果子和穀類，而這正好比較有助於人類的存活，於是基因就保留了下來。

然而，這種演化論式的解釋方法也遇到很多困難，仍有許多特徵似乎不具有演化優勢，例如，「男性喜歡美女」或「女性喜歡帥哥」就很難找出具備有什麼樣的天擇優勢。而且光靠這兩個機制在幾億年間就能演化出如此複雜的生命型態也讓人感到難以置信。這些爭議在科學與哲學上也常被提出討論。

21

私心與正義的內心衝突

在社會上，有些人做事明顯是基於私心，而有些人基於公義，另外則有些人難以分辨。然而，人心難測，表面上為了公義的，也說不定暗藏私心，而看起來像是私心的，也未必如此。雖然了解他人不易，我們了解自己嗎？事實上，認識自我也難，有時以為自己擁有無私之心，凡事為著公義，但卻也一樣暗藏私心而不自知。

演化的過程已經將無私的基因淘汰

從**演化論**的角度來說，人的內心具有自私的基因。因為無私者都已經被天擇淘汰了。試想一下，假設在上古時代，突變出自私與無私兩種人，哪一種具有天擇上的優勢呢？在大多數時候，無私者會受到大眾喜愛，朋友眾多，照理說應該具有生存優勢，但事實不然，因為這種生存優勢不會淘汰自私者。當私心人有難時，無私者總會協助他們生存下去，所以沒有天擇上的功效。然而，只要經歷戰亂、飢荒、乾旱等危機，無私者將會為了大眾而犧牲自我，私心人卻坦然接受。於是，每歷經一次危難，無私的基因就減少了一些，久而久之，不管原本有多少無私者，都會在演化的洪流中消耗殆盡。無法把這樣的基因留存下來，所以，簡單的說，除非產生新的突變，否則現代不會再有這樣的基因存在。也就是說，現代人都是私心人的後代。

雖然人們具有自私的基因，但由於人有理性思考能力、有自由意志，所以，所作所為不一定總會依據私心，可以在理性思考後選擇不同的作法。思考能力，可以克服本能，朝向不同的方向。這也是為什麼希臘哲學家們讚嘆高喊**「人是理性的動物」**。

也就是說，當人們不思考時，大多只會依據本能的私心行事，除非已經達到**孔子**七十歲後才達成的境界，**「從心所欲而不逾矩」**，才可能將一切道德內化成為一個人的人格，心念發動時，以及舉手投足間，無不流露著無私的風範。

所以，「無私」雖非天生，但卻可以是後天的成果。

天生的正義感與私心衝突

然而，演化也並非將人塑造成全然自私的生物。目前已有相當多的證據支持人天生具有**正義感**。而從社會觀察來看，人們只要是談論和自己無關的事情時，就會是個正義之士。只要不會影響自己的利益，人們天生也具有因為協助他人而感到快樂的天性。所以，實際上，每個人在某些時候都扮演了正義之士，扮演著善心人。這實際上也符合**演化論**的原則。否則，如果所有人都是完全自私的，便無法合作共同抵抗環境與外敵，整個種族將可能滅絕。

然而，當私心與正義衝突時，該怎麼辦？由於人類習慣依據本能，所以大多會依循私心，但透過理性思考，則可能產生不同的選項。在這種內心衝突發生時，可以分成四種可能性：

A、認識自己的德性人：放下私心，選擇公義

經由思考，或是經由品格的培養，有些人在私心與公義衝突時，會選擇公義。雖然我們期待每個人都這麼做，但觀察社會現狀會發現，這是一件不易辦到的事情。除非建立了某種遵循規則的文化，否則在人們自由選擇的情況下，多數人其實還是容易去鑽漏洞。

舉例來說，買東西插隊是私心的作用，排隊則屬於公平正義的行為。當兩者衝突時，一個已經成形的文化具有較強的約束力，能促使人們選擇公義。但諸如此類都屬於半強迫性質的選擇，並非源自於自由的選項。

當一個公司主管在錄取新員工時，有背景的、有關說的、或是有利益輸送的，只要這些是在無人知曉的背地裡進行，主管的選擇不會遭受質疑時，私心

往往就成了主要的引導者。當然，在這種情況下，仍然有人選擇公平正義，會這麼做的理由很多，但通常必須在深思過後，或是品格提升之後才能辦到。

B、認識自己的私心人：擁抱私心，忽視公義

有些人在私心與公義間選擇私心，但其實自己很清楚知道自己是自私的。所以有些人說，我就是真小人。這樣的人通常內心裡缺乏好的理由為了公義而犧牲個人利益。德性也不足以讓自己做到這點。當其不願只是為了好名聲裝偉大時，就容易採用自私的選項。但至少了解自己的選擇，內心並沒有被扭曲。在這種情況下，對他人的自私行為也較有寬容心。

其實，大概沒有任何一個人在私心與公義間產生衝突時會一直選擇公義。至少當自己覺得某些公義的事情不這麼重要時，或是某利益具有強大的誘惑力

時，還是會依照私心做選擇。就像古諺所說：**「每個人心中，都有一個陷入腐敗的價格。」**

所以，當看見別人忽視公義而選擇私心時，雖然理性上可以不認同，但譴責他人之前，也需想想自己是否真的比他人更能遵循公義。

C、不認識自己的私心人

社會上佔最多數的是**「不認識自己的私心人」**。當人們自認為自己是正義之士，不願意承認自己依據私心處事，但潛意識又想要依據私心獲取利益時，自然會依賴人類自我欺騙的本能，找個理由讓自己選擇對自己有利的選項，然後還沾沾自喜自認為自己是為了公義。

可悲的是，處於這種狀態的人很難自我察覺。即使大多時候屬於A類人，也很難避免偶爾成為C類人而不自知。當自以為自己完全依據公義時，對於他人的自私行為便難以容忍，反而更容易譴責他人。

所以，喜歡譴責他人自私的，往往只是因為看不見自己的自私行徑罷了！

D、不認識自己的德性人

由於培養德性是一件不容易的事情，必須經常反思自己品格的不足之處，加以改進，逐漸鍛鍊出內化的德性。而且，要克服自己的私心，也必須先認識自己的私心才行。所以，「不認識自己的德性人」基本上是不太可能的事情。所以，這種人應該是不存在的。

跟著哲學家思考：天生正義的心理學

心理學家針對尚未受教育的嬰兒做了一些觀察實驗，以二〇一〇年耶魯大學嬰兒認知中心的研究為例，研究人員使用三個動物造型的玩偶在嬰兒面前演一場簡單的短劇，一隻小狗正努力打開盒子，灰熊協助後順利開啟，而後小狗表現出高興的樣子。當小狗再一次努力打開時，棕熊卻跑過去壓住盒子，以致於無法開啟。演完後，把兩隻熊玩偶拿到嬰兒前面，他們傾向於喜歡（選擇）幫助他人的灰熊，而較不喜歡阻礙他人的棕熊。用類似實驗判斷公平，也可以發現嬰兒較傾向於公平的分配。這些實驗顯示，人們天生偏愛公平與正義。

而孟子所舉的例子也很有說服力。他說，當人們看見一個嬰兒正爬向井邊時，馬上會跑過去救他，在那個當下，並不會思考做這件事情可以獲得什麼利益，單純發自內心的善的意志。

當然，如果和私心衝突時，人們就會思考了。例如，偶爾聽說在路邊救了出車禍的人還被反咬一口。於是，許多人為了預防遇到這種倒楣事，當路邊遇到需要幫助的人時，乾脆就不管他人死活。即使內心存在有天生的善的意志，也會因為私心而作罷。但即使如此，也還是有人願意冒著被誣賴的風險，做自己認為該做的事情。

22 尋找破壞友誼的「立場」

生活中常會遇見具有爭議性的話題，有些可以隨意討論，增添閒聊樂趣，像是究竟可不可以買黃牛票，或是某某女星是否真的喜歡某某男星。但是，有些話題卻很敏感，容易製造紛爭，嚴重時可能在幾則留言中，就會把多年的友誼破壞殆盡。尤其政治相關話題最是敏感。

預防衝突的最簡單方法，就是完全不涉略敏感話題。但其實這不是個好選項，因為這樣做會減少分享想法的樂趣、喪失求知的機會，也平白損失一個學習思考的好時機。所以，最好的方法，是了解紛爭的源頭，並且避開它。

紛爭來自於「立場」

導致紛爭的因素有很多，像是思考能力不足、溝通能力欠佳、或是錯誤推理的辨識力不夠、以及較弱的情緒控管力。**但最大禍首，則是先入為主的觀點所產生的既定「立場」。**

針對任何議題，有立場時，由於內心早已具備的眾多觀念支持著這個立場，所以任何直覺上有點道理的想法都很容易說服自己，也就容易說出乍聽之下（從理智的角度來說）很可笑的推理。跟人辯論時，也難以客觀討論。在不知不覺中，會企圖使用自認為很有道理的歪理來說服他人，而且還聽不下他人意見，這就很容易引起對方反感而讓人厭惡。

如果雙方都有立場，而且不知道自己有立場，沒能先跳脫成見做客觀討論，雙方就可能會提出自認為有道理，但從對方來看卻都是歪理的想法。在這種情況下，彼此都會認為對方思考能力很糟而指責他人，最後雙方都會得出一個結論：「這個人明明邏輯有問題，思考力很差還說我思考力很差，根本就是強詞奪理，這種朋友不交也罷！」當雙方都有此一認知時，就會殃及友誼。

融貫論顯示溝通的難度

從當今哲學的**「融貫論」**來說，有立場雙方的整個知識體系在相同議題上有許多不同的預設，才會導致這種彼此覺得對方邏輯有問題的認知效應。每個人依據自己的預設看自己的結論時都很合理，也符合邏輯。但用自己的預設看別人的結論時，自然就會覺得不合邏輯了。當我們沒有意識到自己有著預設立場時，就容易忽略這個差異，也就無法即時發現兩者的溝通是不完全的。

這就是為什麼長時期認同民進黨而否定國民黨的人，在面對民進黨政務官貪污案件時，容易從國民黨政治迫害的角度思考。因為這樣的思考比較符合內心早已具有的各種預設觀念。反過來說，當內心本來就認同國民黨而輕視民進黨的人聽見這種主張時，如果沒有試著了解此人內心的預設，就會覺得這種人強詞奪理，缺乏是非判斷能力。

所以，不同立場的人在溝通時就必須把相關的整個知識系統拿出來溝通。但這難度很高、也很麻煩，在日常生活中幾乎是不可能的事。如果彼此都不知道自己有既定立場，也不清楚這種溝通的難度，就容易直接用自己的預設去理解對方的思路，而認為對方「腦殘」。

為了防止這種情況發生，必須先知道自己對某些議題有既定立場。有立場未必不好，而且事實上也很難有人對任何事都沒立場，但最好自己知道。然而，想知道自己對某議題有預設立場也不是件容易的事情。這需要學習。學會看見自己的立場是思考上的一大躍進。

透過反面論述的態度，發現自己的立場

判斷自己是否對某議題有既定立場，可以觀察自己對「反面論述」的態度得知。舉例來說，當A主張：「陳先生有非法兼職。」B可能回答：「你才有非法兼職！」「你有資格說別人嗎？」「你毀謗他人！」「你的思考夠嚴謹嗎？」B的這種反應偏向有既定立場的反應，因為可以看出他一心一意想反駁他人，對A為何有此想法並不感興趣。

如果B沒有既定立場，又對此議題感興趣，正常的反應會是：「為什麼這麼主張？」會想聽聽看理由。但這麼說的人不一定就沒立場，可能只是禮貌上的回覆，還要看內心反應。當對方說明理由時，如果焦急地想駁倒對方，沒有平心靜氣思考，就很可能有預設立場。

當我們願意認真聽對方說完，並且嘗試理解，如果不合理，也會反駁，萬一真的駁倒了對方，反而會有點失望，覺得白白花時間討論卻一無所獲，對獲取真相沒有幫助。但如果有既定立場，駁倒對方則會感到高興。如果對方所言很有說服力，無法反駁，便會接受，而且有學到新知的喜悅。若有這樣的心境，就是對此議題沒有立場。所以，只要做個思想實驗，想想自己在這些情況的心境，就能清楚知道自己的立場。

一旦發現自己對某議題有預設立場，就應避免跟人討論此問題，否則必須刻意跳脫原本的預設，站在完全客觀的角度來討論，才能避免衝突。事實上，這是一件很困難的事情，需要高明的思考能力才辦得到。

另外，當發現對方有立場而不自知的時候，除非能夠協助他人發現立場（但這也需要高明的思考力），否則也建議不要討論相關議題，因為不僅很難說服他人，也容易製造口角衝突而破壞情誼。

跟著哲學家思考：融貫論

在西方哲學史上，笛卡兒率先開始尋找能夠無誤地建立起整個知識體系的「基礎知識」，得出了「我思故我在」的推理，發現「思考主體本身不可被懷疑」。但即使這個知識不會錯，卻無法導出其他知識。

後世哲學家接續努力，經過了數百年，現代大致有了共識：「這種基礎知識不存在。」基於這個主張，我們認為知識的結構事實上並非如笛卡兒認為有著最基礎結構，並且一層一層堆疊起來，而是一大群知識互相支持的結果。這樣的主張稱之為「融貫論」。

從融貫論的角度就可以簡單理解，為何不同立場的人難以互相溝通，因為這種情況的溝通等於要溝通兩種不同的理解系統，而不只是針對任何一個命題的討論，但整個系統的溝通難度很高，即使思考能力很強，也都知道自己有既定立場，要溝通問題還是很不容易。對於日常生活中的大多數人來說，由於不知道自己其實有立場，而且也未受過嚴謹的思考訓練，會有什麼後果自然就可想而知了。

23 勇敢表達自己的意見

在使用臉書發表意見時，常常會很注意哪些發文可以得到多少個讚。得到越多，表示越多人產生共鳴，感覺就像是洪亮的掌聲般令人開心。而反應冷淡的，是不是表示寫得比較差呢？

仔細觀察之下，發現其實並非如此。文字的好壞和讚數的多寡，並沒有一個必然關係。其中牽涉的因素很多，但有一個因素特別值得思考。我發現，只要涉略敏感話題，尤其針對政治相關議題時，得到的讚數就會少得可憐。為什麼會這樣呢？

其實我的發文大多很中性，對政治並沒有特定立場，也不會總是偏向某一方。每次都只是就事論事，也很少批評，大多是讚美好的政績。但即使如此，讚數仍然稀少。後來大致上了解其中隱情，除了有既定立場的人不喜歡反面論述而少了一些支持的因素之外，另一個因素則是沒有既定立場的許多人也不願牽涉敏感話題。因為容易得罪不同立場的朋友，於是乎，最好的策略就是完全不碰，不表達任何意見，以免遭受池魚之殃。

雖說，我建議有立場的人盡量少跟人討論相關話題，因為自己很難客觀思考而得罪人。但對於比較沒有立場的人來說，討論可以比較客觀，這就比較沒有關係。雖然，不去討論敏感話題，的確也是降低（和有立場的）朋友衝突的好方法，但整體而言，我認為這並不是好事。

不表達意見的壞處

在人生的旅途上，只要不搭飛機出國，就沒有飛機失事的風險；越少出門，就越不會遇到交通事故；不去挑戰任何夢想，自然就不會有遭遇失敗的痛苦。這些確實都是事實，就如同諺語所說：「多做多錯、少做少錯、不做不錯。」然而，雖然這是避免遇見壞事的最有效方法，但卻也同時阻止了好事的發生。就像一個怕失戀的人不敢去談戀愛，也就無法經歷戀愛的喜悅；一個公務員只做必須做的工作，不去挑戰其他事情，確實不易出錯，但也不會有任何特殊成效。

也就是說，**當一個人經常性的恐懼他人不同意見的挑戰而不敢說出自己的看法時，這樣的壓抑容易讓自己變得缺乏主見。**因為不說出個人意見就不須捍衛個人想法，也就無須學習如何提升獨立思考能力。所以，這種避免衝突的方法，要付出非常大的代價。

被討厭的勇氣

反過來說，嘗試克服與大眾意見不同的恐懼感、培養心理學家**阿德勒**(Alfred Adler, 1870–1937) 強調的**「被討厭的勇氣」**，也不要再怕自己的意見被他人否定，是一個踏出內心安樂窩的一大進步。

要做到這點，可以先從觀念上的**「不怕犯錯」**開始。首先，我們要知道，沒有人不會犯思考的錯誤，就連偉大的科學家**愛因斯坦**也不例外。他一直執著於思考如何讓宇宙保持靜態平衡，誤以為靜態宇宙是一個必然的事實，因而錯失了發現動態宇宙的機會。當他回神過來，並不覺得這有什麼奇怪的，他不會說，「怎麼連我也會想錯？」而是很乾脆的接受事實，「就想錯了啊！」

錯誤思考其實是人很難避免的問題，有錯誤一點也不丟臉。嘲笑別人思考錯誤的人其實只是因為自己的無知。有了這樣的認知，就可以抬頭挺胸不怕表達自己的想法。而且，就算真的犯錯了，不管是否被別人發現，說出來也有利於讓自己發現錯誤。若能知道自己思考的錯誤，知道越多，思考能力就越強，未來錯誤的機率跟著降低。

所以，即使為了追求個人成長，讓人發現自己的錯誤也很值得。有了這些認知，那就鼓起勇氣，開始做出個人判斷。為了讓自己的判斷有著更強的說服力，就必須學習提升獨立思考能力。久而久之，思維就能進化。

不被挑撥的情緒管理

而且，表達個人意見的同時，其實一樣可以避免衝突。當不同立場的對方帶著情緒來譴責我們的觀點時，盡可能讓自己的情緒不要隨之起舞。當我們可以慢慢培養出這種不受挑撥的情緒管理能力時，就不容易跟人起衝突。而且，如果還能夠仔細說明自己的理路，也隨之提升說服他人的能力。這也是人生中一個非常重要的成長。

所以，雖然「勇敢表達意見」只是人生中的一個小習慣，卻能將人生導引向不同的方向。

表達意見與社會價值

除了追求個人成長之外，較具理性思維的人群在勇於表達意見時，也有助於整體社會的成長。通常最愛在網路上發表意見的人，往往就是那些容易情緒化、思考能力較弱、而且口不擇言的非理性人。如果我們因為恐懼他們的言語攻擊而放棄表達個人意見，那麼，社會輿論將由非理性意見所掌控。這會製造出社會理性能力薄弱的假象，讓人對整個社會缺乏信心。**如果多數理性人都可以培養這種被討厭的勇氣以及不易受挑撥的情緒管理能力，並且勇於發表各種主張，理性討論與溝通，整個社會氛圍將會改變**，而讓輕率思考者容易發現自己的不足而逐漸轉變成為社會的正向力量。如此一來，對於建立一個理性和諧的社會，就可以做出個人貢獻。這是每一個公民都應該扛下的社會責任。

跟著哲學家思考：被討厭的勇氣

阿德勒是一位心理學家，也是一位哲學家。針對人生道路來說，他認為與其受限於各種命運的思考，不如從內心找出改變的力量去創造自己所決定的人生。尤其針對人際關係中的各種障礙來說，他主張人們不應生活在害怕與他人關係崩壞的恐懼下，而應依據個人喜好，勇敢活出真正的自己，培養「被討厭的勇氣」。

然而，當我們做出可能「被討厭」的決定時，這種被討厭的現狀也可能只是暫時的，未來仍有改變的可能。但即使無法改變，做自由的自己還是勝過被他人眼光監禁的奴隸。而且，當我們以為做了某件事情一定會導致某種關係的破裂時，實際上卻不一定如此，因為人際關係的最後發展其實還是由自己掌握。

24 同性婚姻的爭議

同性可否結婚？這個問題在世界各地引發爭議。然而，這個問題之所以可以成為爭議，也表示人類文化正朝自由化發展。因為在傳統文化裡，大多唾棄著同性戀，此議題不會引發人們討論的興趣，更遑論有什麼好爭議的了。但能自由討論，只表示人們的思考正嘗試突破傳統的禁錮，並不預設必須否定舊有文化。

同婚的謬誤大觀園

然而，在此爭議的各種意見裡，多種推理謬誤紛紛出爐，也顯示出人們習慣於「先有立場才有論述」的思考型態。

先有立場，不必然是件壞事。但當眾人缺乏反思習慣時，就不會自行質疑原本的立場，思考便成了立場的幫傭。而立場的來源，大多來自於非理性因素。所以，整個爭議過程就被非理性思緒淹沒。結局是誰也說服不了誰，徒增社會紛爭。

舉例來說，反對同婚的說，「今天開放同性戀婚姻、未來就會開放多夫多妻、近親婚姻、甚至人獸戀。由於大家都不希望這樣，所以一開始就不要同意同性婚姻。」

這個推理訴諸了**滑坡謬誤**。**滑坡推理**的型態是，「當你主張某個觀點，就會滑向另一個觀點，然後到達一個大家都不太願意接受的地方。所以就有好的理由反對最初的觀點。」雖然，**並非所有的滑坡推理都是不當的**，如果滑坡真的具有很強的傾向，例如，「不要輕易嘗試吸毒，因為吸了一次就很可能有第二次、第三次，然後就可能上癮無法自拔。」這樣的滑坡真的具有容易滑下去的特質，說服力較高，算是適當的滑坡推理。**滑坡推理之所以成為一個謬誤，那是因為這個滑坡只是感覺上像是如此，但理性思考後就可以發現實際上沒有想像中「這麼滑」。這種容易造成好像很有道理但實際上卻不合理的推理就成了謬誤。**

在這個同婚的滑坡中，即使社會立法接受同婚，也不見得會接受多夫多妻、近親、人獸等婚姻。從理智來思考，它們可以說是完全不同的問題，要考慮的點也幾乎完全不同。所以這樣的滑坡推理只是一種感覺起來好像有點道理，但事實上並非如此的錯誤推理。

不當類比的謬誤

當支持同婚者反駁反對者時，也經常容易製造謬誤。例如，反同者說：「因為同性婚姻讓我感到不舒服，所以我反對同性婚姻。」支持者則反駁，「如果這個反對理由可以成立的話，那偶像藝人就更不能結婚了。」這個反駁推理則有「不當類比謬誤」的問題。

因為這個推理的意思大致如下：「同性婚姻讓你感到不舒服，就像偶像藝人結婚讓你感到不舒服一樣，既然你不反對偶像藝人結婚，就不該反對同性結婚。」

然而，這個類比不當的地方在於，這兩種「不舒服」其實是不同的。對偶像藝人結婚的不舒服是屬於可以藉由自己努力去克服的問題，較不具有強制性，但對同性婚姻的不舒服就不一定如此，有可能是異性戀天生的反感，難以克服。所以，一個支持偶像藝人結婚的人理智上是可以反對同性婚姻的。

兩者的不同點可以從**自由主義**提倡者**彌爾**的觀點來區別。他認為，政府雖然應該盡可能提供個人自由，但是，**所有的自由，都必須依據不傷害他人的前提。**但怎樣算是傷害別人呢？這時就要看這種傷害屬於哪一種。傷害可以分成主動與被動，以及能避免的和無法避免的兩大類。例如，毆打他人屬於主動攻擊的傷害，被毆打者在能力懸殊下就變得無法避免，所以毆打他人違背了自由主義的原則，不屬於個人自由。

當自己喜歡的偶像藝人結婚時受到傷害，但這種傷害屬於被動的，而且是可以避免的。只要不再繼續把他（她）當偶像，就不會受傷害。而要不要將一個人當偶像，某種程度上是可以自由決定的。

然而，當一個人對同性婚姻感到不舒服時，這種情況雖然屬於被動的，但卻可能可以被歸類為「無法避免的」。因為對同性戀的反感可能是一種具有遺傳基因優勢的演化天性，我們可能無法藉由任何努力改變這種反感。例如，當鄰居家裡堆放許多化學原料而散發令人不舒服的氣味時，即使這些氣味對人體無害，我們也難以克服，這樣的自由，就有待商榷了。

天生反感作為反對同婚理由

然而，即使對同性戀有著天生反感，也不代表我們可以藉此反對同性婚姻。舉例來說，許多同性戀也對異性戀有著天生反感，那是否也可以藉此反對異性婚姻呢？如果可以，人類不是要滅絕了嗎？所以，就像同性戀即使對異性戀有著天生反感，也應該學習適應，而不是反對。還有許多天生反感也是必須學習適應與克服的。例如，情人要求分手時，大多數人都難以接受，情緒無法負荷。那怎麼辦呢？只要一方不接受就不能分手嗎？還是說，即使情感上會受傷，我們還是必須學習接納許多從理性角度思考後，認為應該接受的事物？

同性戀不正常應該被矯正？

也有人主張，同性戀是後天造成的，所以應該被矯正。或者也有人主張，就算同性戀是天生的，也該被矯正，因為這樣不正常，矯正後才符合人類正常狀態。而且，結婚的意義就是一男一女，同性就不可以稱之為結婚。

然而，不管是天生或是後天，也不管如何定義正常或是不正常，其實這些都不是重點。舉例來說，如果我多了一隻手指頭，不管是天生或是後天，也不管這到底算是正常還是不正常，我有義務需要接受手術治療來符合大家眼中的正常嗎？如果沒有，那我是否就沒有權利戴手套？或是就算我戴了特製的六指手套，也沒有資格將它稱之為「手套」，因為這樣就破壞了手套這個詞的傳統意義？

由此也可以看出，許多支持與反對同性婚姻者，常常提出看似有理實際上卻不合理的理由，主要還是因為情緒上的個人喜好或偏見所產生的立場主導了思考，進而訴諸錯誤知識與產生各種謬誤。

丐題的謬誤

那麼，既然是非難斷，乾脆投票決定如何？當反對同婚者提出以公投來決定時，聽起來提議不錯，遇到社會爭議就用投票來表決，感覺很公正。但事實上，當議題涉及社會上的少數人利益時，公投容易變成一種多數暴力的結果。

例如，歐洲許多國家面臨難民過多的困境，如果用公投來決定是否接收難民，由於大多數人會顧慮自己的利益，這種公投就會變成欺壓弱勢的武器，並不恰當。臺灣如果也來公投主張財富超過一億元的富豪都必須捐一半的錢給國家，這個公投雖不正義，但應該會高票通過吧！

然而，當反對公投的一方對此提出質疑：「基本人權是否可以訴諸公投？」這個說法卻犯了**「丐題的謬誤」：結論已經隱藏在問題的預設中**。在這個問題中，已擅自將「同性婚姻」視為基本人權。所以，這個問題的答案當然是「不行！」基本人權不能以公投決定。然而，真正的問題在於「同性婚姻」和「難民的求生權利」一樣可以歸類為基本人權嗎？這才是一個爭議的焦點，而且答案並不明顯為真。

通常我們認為生命、自由、尊嚴屬於基本人權，每個人必須受到保障。但「婚姻」顯然不是這麼重要的東西，要將之放入基本人權之中，還有待討論。

宗教是否是一個反對同婚的好理由？

有些人反對同性婚姻是基於宗教信仰，尤其許多基督教派別認為同性婚姻是一種罪，所以不能容許政府立法接受。然而，以宗教反對是否是一個好理由呢？

如果臺灣是以某一個宗教精神立國的國家，那麼，以宗教精神立法是應該的。就像印度以印度教立國，所以立法禁止殺牛。然而，即使不以特定宗教立國，臺灣基於宗教信仰自由的立場來說，也應該尊重各宗教的主張。舉例來說，如果政府為了拓寬馬路要拆除某些宮廟，也會有信徒跑出來反對，這時也該尊重這些宗教信仰者的想法。

但是，尊重並不是一定要妥協。當不拓寬道路，會影響大眾利益時，就需要評估利害關係。如果不通過同婚立法，會影響同性戀者權益，在這種情況下，宗教觀念就不是一個反對立法的好理由。因為非教徒的觀點也一樣必須受到尊重。

真愛無價，所以支持同婚

有許多支持同性婚姻的理由，聽起來很好，但實際上都存在有不當滑坡的危險。例如，有人主張「真愛無價，所以必須支持同性婚姻。」然而，這個理由就完全可以滑坡到「多夫多妻」與「近親戀」，如果不同意父女、兄妹可以結婚，就無法套用這個支持的理由。除非可以提出其他配套理由來排除此兩者。

當然，這理由不適合被滑坡到人獸戀，因為我們無法得知動物是否有真愛。如果依據這個理由支持同性婚姻的人，也同時支持近親戀，那就沒有推理上的問題。但顯然其說服力會降低。

是否存在有反對同婚的好理由？

無論反同人士內心真正的反同理由是什麼，究竟有沒有人可以提出反對同性婚姻的好理由呢？在此議題上，贊成同性婚姻的可以不提贊成理由，「因為沒有理由反對，所以贊成。」在理性上，這可以接受。但「因為沒有理由贊成，所以反對」卻不是一個好的反對理由。所以反對者需要提出好理由。

事實上，在看過的反同者提出的理由中，若非錯誤（或不確定）知識就是謬誤，尚未見過有說服力的好理由。當然，這裡要預防訴諸無知的謬誤，不能因為尚未發現就宣稱沒有，或許有，只是我沒見過，或是人們尚未想到。

當我嘗試站在反面思考時，最多也只能想到一個可以成為暫時反對的理由。

從後果來看，如果「同性婚姻合法化」，的確有可能導致一些負面效應。主要是因為社會上許多人目前仍舊無法跳脫個人習慣性的觀點，轉而由理性來看待這件事情。也因為如此，當法律通過同性婚姻之後，同性夫妻將會高調出現在社會各地，這容易導致更多歧視言論與衝突，造成社會紛擾，甚至讓同性戀者陷入更糟的處境。而這些反對者，也可能存在於社會各地，像是老師、警察、法官。而藉由職權之便，帶給同性戀者及其相關人士更多的傷害。

當然，這只是陣痛期，久而久之大家習慣後，就慢慢不會再有此類問題了。但如果事先找出配套解決方法，讓政策可以在更無痛的情況下實施，不是更好嗎？

爭議的核心點是什麼？

也就是說，從我個人的觀點來看，同性婚姻的根本問題就單純只是習慣性的傳統觀念改不過來而已。就像有反同婚者主張，這個變革將使「婚姻制度崩壞」。當然，這說法沒錯，婚姻廢除異性限制之後，現在的婚姻制度將會崩壞，但崩壞後卻產生一個新的婚姻制度。任何改革都是一樣，問題不在於舊的是否崩壞，而在於舊的真的比新的還要好嗎？

在日本十九世紀末，當廣岡淺子主張女人也可以上大學，想籌資建立第一所女子大學時，便在社會上引來軒然大波，當時許多人認為那是一個違背傳統良好風俗，以及破壞社會和諧的叛逆舉動。但問題一樣不在於傳統是否被消滅，而在於女子具備高等教育後的新文化真的有比較不好嗎？

在美國，當金恩博士主張黑人應與白人平等，同工同酬，並帶領黑人以非暴力的方式要求改革，卻遭受習慣認為黑人較低等的觀念的反對，甚至最後還被白人槍殺身亡。這一樣是觀念問題，當白人至上的傳統被破壞之後，新起的種族平等文化是否不好呢？

當我們的觀念，可以擺脫時代的束縛，跳脫前往新的領地，或許可以望見新的文化、新的人類文明，而在那個想像世界中，或許我們會發現，世界並沒有因此黯淡，陽光依然在東方升起。

然而，在改革的同時，也別忘了，觀念引發的仇恨非常可怕，甚至還能引發殺機。如果沒有在妥善的規劃下前進，將可能引發許多不必要的社會紛爭。

跟著哲學家思考：丐題的謬誤

丐題謬誤的特徵是在於問題中已經隱藏企圖想獲得的還不確定的答案。例如，媽媽想知道小明去同學家有沒有玩電動，但擔心直接問會讓小明有心防而說謊，於是問小明說，「你們今天玩哪一個電動啊？」這句問話裡面已經隱藏了企圖獲得的答案。這樣的問話方式可以說是一種謬誤，因為直接把不確定的結論當成是確定的結論。但為了得到某些答案有時很有效，但也容易招人討厭。

在應用上，人們也可以把不好意思開口的問題用類似方式詢問，有時反而更符合對話禮儀。例如，某男想知道剛認識的某女是否已有男友，但問人「妳是否有男友？」感覺上不太禮貌，也過於唐突。這時可以從對話中藉機運用丐題謬誤。例如：「妳這麼溫柔，妳的男友好幸福！」如果此時女方沒有男友而且想讓對方知道，她就會回答：「我沒有男友。」這也算是一種善用謬誤的詭辯術。

25 民主選舉不該做的八件事

在人類最初形成群聚社會時，應仍處於弱肉強食的狀態。但想像會有一群較弱小、以及較具有正義感的人，聯合起來制衡惡霸，企圖用規則來統治社會，並公推領導人，不允許強者欺凌弱者。於是逐漸形成最初的政府體制，創造了公權力，並藉此掌控社會秩序。

各種政治制度的優缺點

政治體制的結構可以分成三大類：**獨裁制**、**貴族制**、以及**民主制**。這個區分主要差異在於最後掌握權力的人數。**獨裁制將權力集中在一人身上**，優點是效率高，紛擾少，只要獨裁者是賢能的明君，將可以把政府的力量發揮到最佳狀態。但此制度要冒的風險也最大，萬一獨裁者一意孤行，為所欲為，公權力將變成最邪惡的力量。

第二種是貴族制，屬於少數人的集體領導。這可以避免單一個人的腐敗而讓整個社會重創。而且，在互相監督的情況下，制衡他人的私心作用，只要多數領導者屬於正義之士，便可保有相當程度的公權力效率，以及較小的爭議，讓社會體現公平正義。然而，一樣有風險。當私心者佔多數時，在互相爭權鬥爭的情況下，一樣造成社會紛亂，就算互相合作，也是共謀爭取私利，人民一樣受害。

民主制則把最後的決定權交給公民，通常意見最雜、紛擾最多、政治效率最低。但相對來說，危害也最小。可說是一個不太好，但最安全的制度。不過，只要全民智慧提升，也能夠改善缺失。所以，一般而言，我們認為民主政治還是一個相對較穩定、較少危害、也值得期待的制度。

選上誰？差很多！

在臺灣，選舉常常是引發眾人關注的話題。而競選過程與投票結果，更是輿論的焦點。尤其當重大選舉結果揭曉，往往就決定了臺灣未來的許多大方向。所以，選舉的確值得關注。然而，選舉結果有好有壞，賢能候選人當選時，社會將走向繁榮；但若私利者當選，未來將一片黑暗。

在民主時代，選舉的結果事關重大。然而，有投票權的人，是否有足夠的認知，明白選舉結果的重要性，以及是否有足夠的智慧，判斷哪些候選人將帶來希望？

在民主制度中，身為一個握有最後決定權的公民，在執行投票權力的表現上，需要提升個人智慧，才能讓民主政治的運轉減少缺失。智慧不足時，人們容易因錯誤推理而投錯人，尤其以**「不相干謬誤」**最為常見。也就是說，人們在思考候選人時，容易套用在感覺上好像有關但實際上卻是不相干的理由，這種非理性的思考，容易選出最不該選的人。為了避免這些情況，必須注意以下幾個問題：

1. 依據利益投票

利益是人們最容易感受到的東西。尤其過去候選人往往可以透過買票當選，當選後濫用職權撈更多回來，製造出不公平的社會。所以，賣票給候選人，最後吃虧的也是自己。

當越來越多人了解這個道理，完全靠買票當選的候選人就越來越少了。但買票仍是一個有利於當選的方法，所以仍時有所聞。

雖然我們不應該投票給買票的人，但會遇到另一個值得思考的問題。買票的錢是否可以收呢？有人認為，收了買票的錢但不投他們，也算是對他們的一種處罰，何樂而不為呢？然而，這裡仍有問題，因為，這不僅屬於一種背信的行為，甚至也會成為貪污的共犯。拿了錢，等於是讓候選人遭受損失，而候選人遭受的損失，自然會想在當選後撈回來。所以拿了錢，等於發出了一股助長他人貪污的力量，也算是整個貪污結構中的共犯之一，不可不慎。或許有人認為，就算沒拿錢，會貪污的還是會貪污。的確很可能是如此，但誰知道呢？

另外，有另一種買票方式稱為「政策買票」。例如，在政見中主張某類人可以獲得多少年金，或是可以獲得什麼利益。由於人們經常短視近利，因此容易被這些政見欺騙。這類政見有些可能屬於不公義的政策，但卻有助於提出者得到更多選票。而且，有許多這類政見根本只是欺騙，不太可能實施。所以，不管哪一種情況，都顯示這個候選人心術不正，當選將不會是件好事。所以公民需要運用理性思考，避免被這種買票政策迷惑。

2. 依據人情投票

如果有親朋好友出來競選，我們傾向於投他一票。但實際上，友誼也是一種投票的不相干或不適當理由。「因為有交情，所以應該投他一票！」這是投票的不相干理由。因為民主投票需要尋找賢能者而不是交朋友。

另外，如果不只是因為友誼，而是期待好友選上後，可以獲得額外利益。這種心態基本上和民主精神背道而馳，也是導致社會不公平、不正義的觀念，屬於破壞民主制度的想法。如果我們希望民主政治向好的方向前進，就應唾棄這種觀念。

而且，當他人透過特殊關係而獲得特殊待遇時，我們會用什麼樣的厭惡眼光看待他們呢？既然如此，自己就不要這麼做，甚至連這些想法都不要有。

連自己的親朋好友都要如此對待了，更何況是他人的親朋好友。所以，不要因為朋友拜託而投票給某個人。但朋友拜託後，可以因為友誼而多花點時間關注某個特定候選人，如果發現他真的是適合的人選，一樣可以投他一票。所以，如果你自己扮演了請託者的角色，不要遊說你的朋友們「選誰」，這會是不尊重（鄙視）他人民主素養的行為，但可以請託朋友關注一下某位候選人，「如果覺得適當，請多支持。」這樣的說法會比較適當。

3. 依據立場投票

人們常會有既定立場，因為支持某某黨，所以只投某某黨的候選人。這裡也可能會有不相干謬誤，重點在於背後的理由。如果是因為自己會因此獲利，那麼，這一樣是讓民主制度墮落的心態，破壞民主制度的運行，身為一個社會公民，應盡可能避免。

如果不是為了私利，只是因為自己對某政黨「較有好感」，那這就屬於「不相干謬誤」。我們不應依據感覺來投票，而應該依據理性思考來投票。

然而，另一種情況是，如果在理智上較認同某一政黨的理念，希望此政黨獲得最大多數，即使某個候選人不是最好的選擇，但已經是該黨最好的選項，那麼，這樣的投票仍屬於理性上的選擇，並無不妥。畢竟，投票除了投給特定候選人以外，也同時對政黨做出選擇。兩者都是重要的參考因素。

4. 依據情感投票（同情心、握過手、美女帥哥牌）

除了前面提到過的因為是親朋好友而投票的感情因素以外，還有許多訴諸感情因素的不相干謬誤常常出現在選舉場合，而這些因素也真的在臺灣選舉裡扮演著重要的當選因素。

例如，打同情牌。候選人把自己搞得一副很可憐、受害者的樣子，可以獲得許多同情票。候選人到處去握手，被握過手的人，感覺好像跟候選人有這麼一點交情了，也容易產生支持的動機。但實際上候選人每天握上幾百隻手，怎麼可能會記得每一個人呢？而帥哥美女候選人也容易讓人打從心裡產生好感而投他們一票。

但是記得，這些都屬於訴諸情感的不相干謬誤，因為這些因素都跟這個候選人是否能夠做好該做的工作無關。當大眾依據這種方式選出候選人，就違背了民主政治正常的運作方式，也就無法發揮民主政治的優點。也就是說，如果自己在無意間依據這樣的因素投票，等於是一種讓民主制度無法發揮其該有的作用的行為，應當謹慎，不要成為民主政治的反向力量。

5. 依據輕率理由投票

除了依據各種情感的不相干謬誤之外，還有很多**輕率理由**主宰著投票的決定。如果不仔細思考，一樣容易做錯抉擇。

舉例來說，有時人們會因為某位候選人已經當選很多次了而選擇他，訴諸的推理則是：「一定是做得不錯才會選上這麼多次。」然而，實際上卻不一定如此。頂多只能說，這個人大概沒有什麼特別的負面新聞，所以就算做得不好，還是可能一直當選。而當選的理由卻未必是做得好。因為在當今臺灣的選舉文化裡，會好好去研究候選人的其實是極端少數，而且研究資料也不容易獲得，大多只是看看新聞，但新聞卻在某種程度上是可被操弄的。

所以，即使當選很多次，除非像是縣市長之類較易看出政績的職位，否則大多數民意代表並不容易知道做得如何。因此，即使連任多次也不代表做得好。說不定只是很會選舉，或更糟糕的是很會買票。所以，尤其針對已經當選過的候選人，盡可能多花點時間，多找些資料來做理性判斷，對於選出適當候選人才會有幫助。

另外，也有人因為對舊有的政治運作不滿而傾向選擇新人，感覺上新人總會有新氣象。但這一樣是不相干謬誤。除非在位的政治人物已經糟到無法再更糟了，選擇不認識的新人便是一個好的選擇。但事實上很難會遇到這種情況，因為在大多數情況下，只要我們展開想像的翅膀，就會發現，政治永遠都可以再更糟。為了預防這種情況發生，就算想選擇新人，一樣要花點心思去研究。

6. 不投票或投廢票

許多人因為不關心政治，或是不滿意現有的所有候選人，因此選擇不投票。然而，這也是不當選項。在民主政治裡，越多的理性投票人口，就越能讓社會繁榮。由於依據個人情感與利益投票的非理性大眾投票意願較高，於是，**當理性人不投票，等於把決定權讓出來。這種不作為，助長了社會走向墮落的力量。**所以，並不是什麼都不做就對不好的政治環境沒責任，而是當我們有投票義務時，不作為就等於是做了一個不好的選擇。

如果設定當選門檻，不到一定票數無法當選，那麼，不投票或投廢票等於否定所有候選人，這是有意義的。因為，如果這股力量夠大，就能導致所有候選人全部落選，強迫政黨提名其他候選人。但由於目前的制度是以高票者當選，並沒有最低門檻，所以不投票和投廢票都沒意義。

然而，另一種特殊狀況是，如果認為所有候選人都不好，而且完全無法比出高下，誰當選都沒差。那麼，可以考慮投廢票。投廢票表示關心選舉，而且對所有候選人不滿，即使沒有辦法達成任何有意義的實際作用，但也表達了一種對候選人不滿的訊息。如果廢票數量很大，那就表示各政黨所提的候選人並不符合大眾內心的期待。也算是一個有意義的訊息。但不投票無法顯示此效果，因為投票率低時，容易被解讀成眾人不關心選舉。

7. 轉發可疑的競選資訊

網路時代各種資訊流通迅速，自然也是謠言最好的溫床。而謠言對選舉的影響非常大。所以，如何避免自己受到謠言干擾，進而成了散播謠言的一股力量而破壞民主政治的正常運作，就必須非常謹慎。

即使不是為了個人而是為了社會，人們也必須學習批判性思考的懷疑精神，養成對資訊先懷疑再接受的習慣。尤其對自己想要轉發的資訊更需要小心，因為一旦轉發出去，不知會引起什麼樣的漣漪效應，將產生什麼樣的影響力。

所以，培養個人思考能力，辨別資訊的可信度，也是協助民主制度正常運作的一項作為。

8. 當網軍

在當今社會的民主制度運作中，最新型且危害最大的，除了網路謠言之外，可能就是網軍的成立。候選人花錢請人在網路上製造各種假民意，企圖左右選情。如果達成目的，那麼，「民主制度」就變成了「假民主政治」。掌控政治的變成是一個可操控的「假民意」。在這樣的民主制度中，掌控者不再屬於人民，而是背後的一隻黑手。而這隻黑手是以金錢控制，等到獲得公權力後，再藉機從中獲取利益。整個獲取不當利益的手段，不僅包含貪污舞弊、甚至包含了對社會公平正義的破壞，可以說是當今時代民主制度的最大敵人。

所以，聘請網軍的人，以及擔任網軍的人，都正在做嚴重破壞社會的事情。如果不希望自己成為危害民主制度的幫兇，請唾棄這種行為。

當民主社會的多數公民可以盡力防止這八種危害時，就可以想像這個民主政體將朝正向發展，給社會全體帶來最大的和諧與幸福。

跟著哲學家思考：不相干謬誤

不相干謬誤指的是用不相干的理由來推理結論。這裡有個有趣的問題是，「謬誤」雖然可以泛指所有種類的錯誤推理，但特別針對「似是而非的推理」。也就是因為它們具有「似是」的特質，所以容易迷惑人們，讓人做出錯誤判斷。也因此容易釀禍而需要特別學習來提防。然而，既然不相干謬誤指的是用不相干的理由來推理，又怎麼可能會具有「似是」的特質呢？

不相干謬誤的不相干，指的是理性思考上的不相干，而其「似是」的關鍵點主要在於直覺上、或是情感上。也就是說，當我們的思考不完全訴諸理性，而在相當程度上訴諸直覺與情感時，就容易犯這個謬誤。

例如，沒唸過書的外婆罵孫女考試成績太差，知識不足。孫女可能會反駁，

「自己沒唸過書哪有資格批評我知識不足。」這個反駁理由聽起來感覺似乎有理，但實際上是不相干的。從理智上來說，要判斷一個人是否知識不足，並不需要有比被批評人更多的知識。在這個案例中，只要了解成績的代表意義就足夠了。

哲學很有事：近代哲學（上）

Cibala 著

最愛說故事的 Cibala 老師，這次要帶領大家，從「信仰」為主的西方中世紀到文藝復興時期，跨越到以「知識」為主題的十七到十八世紀，這之間發生了哪些哲學上的大小事呢？快跟著 Cibala 老師一起探索，找出意想不到的哲學大小事吧！

哲學很有事：近代哲學（下）

Cibala 著

最愛說故事的 Cibala 老師，這次要帶領大家，認識被稱為「啟蒙時代」的十八世紀，透過思考追求進步的時代會有哪些哲學故事呢？快跟著 Cibala 老師一起探索，找出意想不到的哲學大小事吧！

哲學很有事：十九世紀

Cibala 著

最愛說故事的 Cibala 老師，這次要帶領大家，認識浪漫主義蓬勃發展的十九世紀，在這個站在「理性」與「進步」對立面上的時代，會有哪些哲學故事呢？快跟著 Cibala 老師一起探索，找出意想不到的哲學大小事吧！

近代哲學趣談

鄔昆如 著

本書為從文藝復興開始，一直到黑格爾的辯證法為止的思想歷程。作者以深入淺出的方式，引導人們認識西方近代哲學，從而領悟到「精神生活的確立與提昇為人類文化發展之方向」的意義。